「なんとかする」子どもの貧困

湯浅 誠

角川新書

まえがき

お金がない。つながりがない。自信がない。これを貧困と言う。

子どもの貧困率は、二〇一五年の段階で一三・九％（二〇一七年六月、厚労省発表）。全国に約二八〇万人。これは、東京都と千葉県の同年齢の子どもをすべて足したより多い。七人に一人の割合だ。

このことは、当の子どもたちはもちろん、私たち大人の未来にも影を落とす。

三〇年後、私は七八歳になっている。そのときに社会を回しているのは、今の子どもたちだ。その子たちが元気にがんばってくれなければ、私の老後はおぼつかない。「かわいそうな子ども」だけの問題ではなく、「私たち」の問題でもあると思う。

とはいえ、このように課題を認識することは、本書のメインテーマではない。

本書の主眼は「その上で、ではどうするか」だ。

本書は、課題解決を模索している人々とともにありたいと願っている。

言うまでもなく、子どもの貧困問題の解決は、簡単ではない。歴史を見るかぎり、根絶することは難しい。

しかし、減らすことはできる。

子どもの貧困率は、二〇一二年～一五年の三年間で二・四ポイント減少している。四七～四八万人の子どもたちが、わずか三年間で貧困から脱却した計算になる。

日本と同じ出し方で貧困率を算出しているOECD加盟三四か国中、もっとも低いデンマークは約三〇人に一人だ。イギリスは、この二〇年で一〇ポイント減らした。

資本主義社会においても、低減は可能だ。

また、子どもの貧困問題は、子どもの貧困率に還元されない広がりをもっている。

子どもの貧困率は、家庭（世帯）の所得が増えれば、減る。

しかし、お金さえあれば、子どもは幸せに、健全に育つというわけではない。学力も意欲も人とのつながりも必要だし、居場所と感じられる場所も欠かせない。これらがあって初めて子どもたちは自分の価値を感じられ、さまざまなチャレンジに前向きになれる。

お金は重要だが、お金だけの問題ではない。

したがって、貧困の子にかぎらず、健全な育ちが可能になる環境をいかにすべての子に整えるかという観点も重要になってくる。

その意味で、この問題は、貧困の子一人ひとりにどう対処するかというレベルを超えて、地域や社会のありようをどうするかという「地域づくり」の視点でも考える必要がある。本書は、子どもの貧困率に収まりきらない子どもの貧困問題の全体を視野に入れている。

このように、課題は大きく、アプローチも多様だ。

この課題の大きさ、アプローチの多様さは、ときに人を萎えさせる。ともすると「どこから手をつけていいのか、わからない」「課題が大きすぎて、何もできない気がする」という気持ちになる。

だから、本書を刊行する。

「どこから手をつけていいのか……」とか「何もできない気がする……」とかいう嘆きには「何が効果的かわからない」というニュアンスがあり、また「効果的じゃないことはしたくない」という意図が混じっている。そこには、どこかに「正解」があって、「正解だとわかっている（＝効果があるとわかっている）こと以外は間違いで、間違いは犯したくない」という含意がある。「正解」に縛られる、正解志向だ。

本書に出てくる人たちは、違う。

その人たちは「これが正解で、他は間違いだ」とか「間違うのはイヤだから、やらない」とか言わない。だからといって「正解などない」とシニカルに言うこともない。「正しくありたいが、間違っているかもしれない。でも間違っていたら、正せばいい。いずれにしろ、やってみなければわからない」と考え、「できることを、できる人が、できることから」の精神で、実際に着手している。

私はそれが、評論家ではない実践家の態度と思う。その態度を尊重する。同時に、その姿を通じて、人々が少しでも正解志向から解き放たれてくれれば、と願う。

なぜならそれが、子どもの貧困問題（に実はかぎらないが）を改善していくために必要なことだから。社会が大きく、そして根もとから変わるとしたら、それは問題を自分ごととして引き受ける人たちの試行錯誤の中にしかない。仮にそれが小さな一歩だとしても。冷笑から生まれるものはない。

「なんとかしてくれ」でも「なんともならない」でもなく、「なんとかする」というタイトルには、私自身の意志とともに、大きな課題にもできるところから着手する実践家の態度への敬意を込めている。

本書は「一ミリでも進める子どもの貧困対策」と題して「ヤフーニュース個人」に連載した原稿に、加筆修正をほどこしたものだ。

この連載を始めたのは、ちょうど一年前の二〇一六年七月だった。今日までに三六本をリリースし、閲覧数（PV）は約二〇〇〇万。本書にはそこから二〇本を収めた。

第一章には、子どもの貧困問題を考える際の視点を提示した「論」を集め、私がこの問題を扱うときに重視するいくつかの切り口を示した。子どもを含む貧困問題とは何かという入門的な問いをもつ人に向けているが、この問題に取り組んできた人が改めて考えを整理する際の素材ともなることを願っている。

第二章以降は、二本（No8と20）をのぞき、すべてインタビューが元になっている。これは私にとって初めての経験だったが「本人以上に、本人の言いたいことを表現する」ことを目指した。

第二章は、子どもの貧困対策の民間の柱となっている「こども食堂」と「無料塾」について。第三章は、この問題への関心が社会全体に広がりつつあることを示すために、自治体や企業の取り組みを紹介した。そして第四章では、多様な切り口からのアプローチがありえることを示すために、子どもの貧困問題に直接働きかけるわけではないものも含めて、「貧困の連鎖を断つ」ことに資する諸実践をとりあげた。

どこから読んでいただいても大丈夫だが、第一章で全体像を把握した上で各項目に入ってもらうと、一つひとつの語句をなぜ私がそう表現したか、をくみ取っていただけるのではないかと思う。

それでは、本文へと進んでいただこう。読み終わった後に、あなたの中で「なんとかする」気持ちが芽生え、育っていることを切に願う。

目次

第一章　子どもから社会を見直す

——貧困とは何か？

1　体験の貧困　お金だけの問題ではない

「あたりまえ」の欠如

ある「こども食堂」での話。

今日は鍋《なべ》にしようと、大人たちが鍋料理をつくったところ、高校生の女の子が「みんなで鍋をつくって、本当にあるんだね」と言った。彼女には、その経験がなかった。みんなで鍋をつくというのは、テレビの中でだけ起こるフィクションだと思っていた。スーパーマンが空を飛ぶように。

同様の話を、よく聞く。大学生のボランティアに会った中三生が「大学生って、本当にいるんだね」、簡単なクリスマスパーティをしたら「これって現実なのかなぁ」。中三生でも「偏差値」という言葉を知らない。高校生がテスト中に先生を呼び止めて「『氏名』ってなんて読むの？」と聞く。

「あたりまえ」の経験や知識が欠如している子どもたちが増えている。この子たちが世の中を回すようになったとき、世の中はどうなるのだろうか。

広くて深い、子どもの貧困

右肩上がりで増え続け、広がり続ける子どもの貧困。一四・二％（二〇〇六年）から一六・三％（一二年）と、伸び率は同期間の社会全体の相対的貧困率の五倍を超える。〇～一七歳人口二〇一四万人のうち約三二八万人。六人に一人にあたる。

さらに、二〇一六年四月に発表されたユニセフ調査によれば、日本は貧困の「深度」も深い。所得の低い順に子ども一〇〇人を並べた場合、下から一〇番目の子どもは、五〇番目の子どもに比べて、四〇％未満の所得しかない。調査を行った首都大学の阿部《あ べ》彩《あや》教授は「日本とよく比較されるアメリカにおいても、日本より貧困の度合いは浅く、日本よりこれが高いのは、ルーマニア、ブルガリアなどの東欧の一部、メキシコ、ギリシャ、イタリア、スペイン、イスラエルとなります」と指摘する（阿部彩「（解説）日本の子どもの格差の状況」、ユニセフ『イノチェンティ レポートカード13 子どもたちのための公平性：先進諸国における子どもたちの幸福度の格差に関する順位表』所収、一六年四月）。貧困の「広がり」だけでなく、一般家庭との格差も「深い」、日本の子どもたち。

人口減少、超少子高齢化の中、これからの子どもたちにはますますがんばってもらわなけ

図1-1 上昇する子どもの貧困率と相対的貧困率

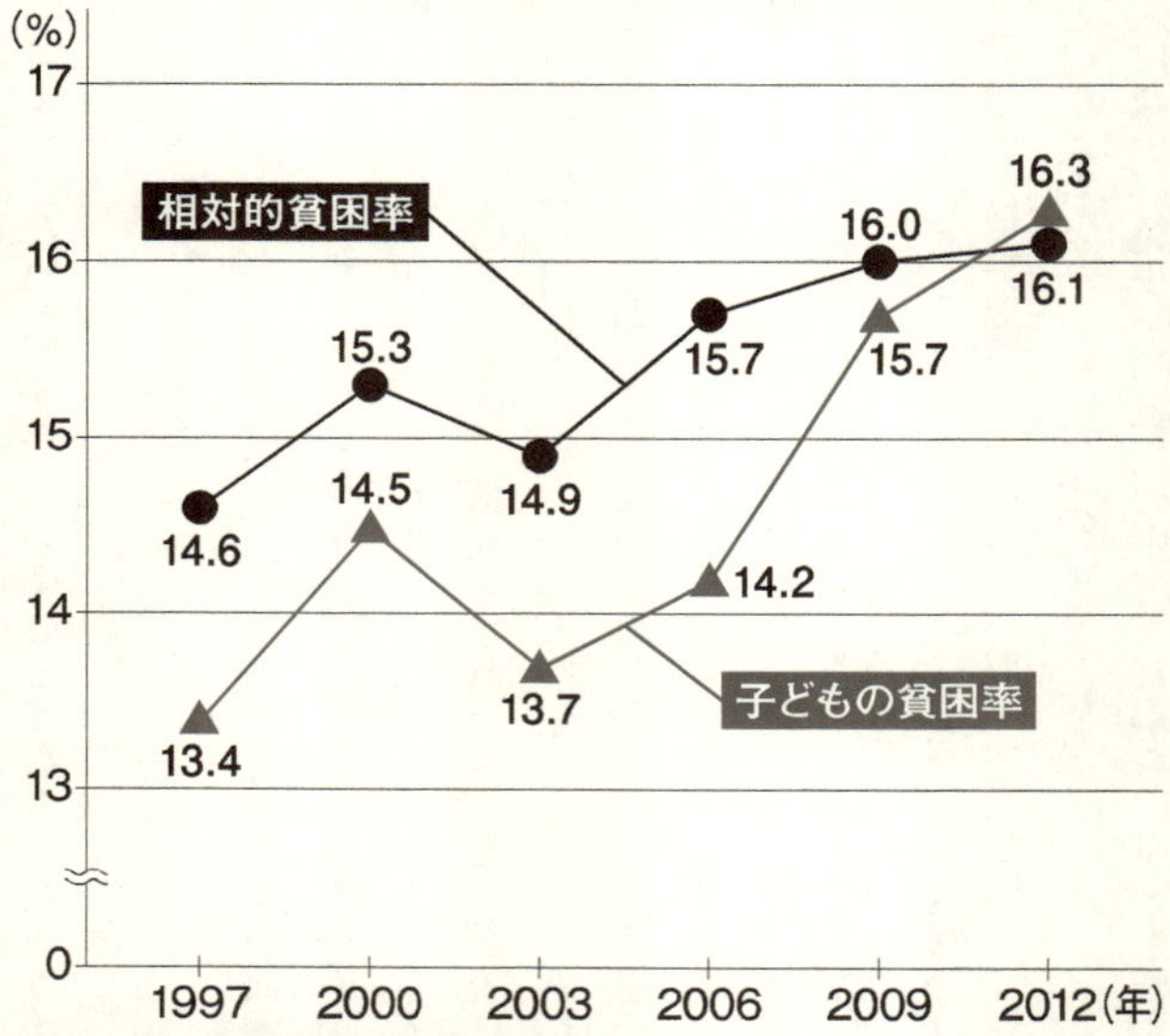

出所：2013年国民生活基礎調査から作成
(相対的貧困率とは「貧困線」に満たない世帯員の割合)

れば、国そのものが立ちゆかなくなる。人工知能などの急速な革新・普及の中、ますます高度人材が必要と言われてもいる。このままではヤバイ。

「あたりまえ」の経験と学力をもつ子どもが増え、すそ野が広がれば、そこから有能な子が育っていく確率も上がるだろう。それは、日本の発展と成長を願う私たちにもメリットのある話だ。早急に、できるところから、着手する必要がある。

図1-2 下位10%目と中位（中央値）の等価世帯所得の推移

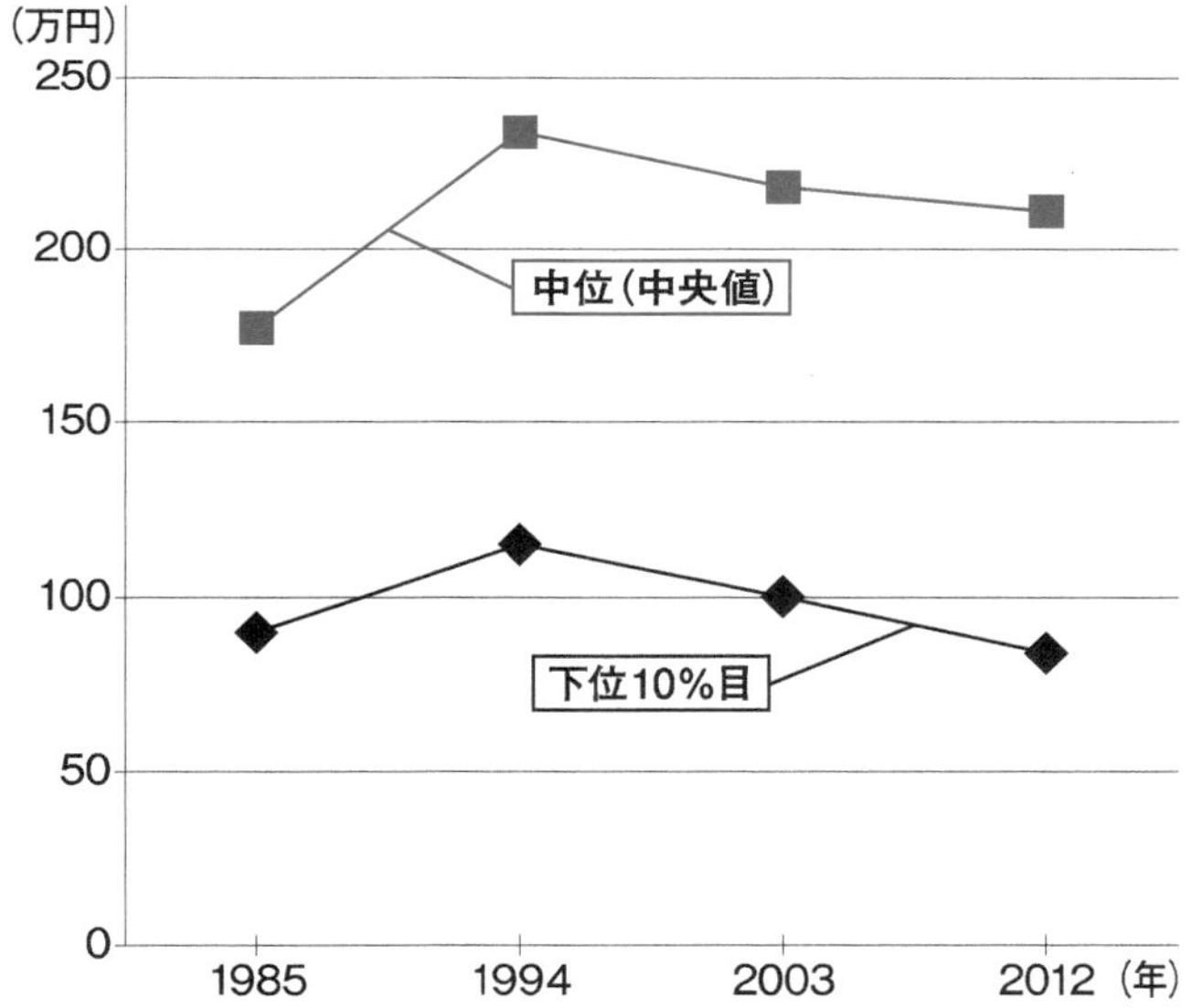

出所：厚生労働省「国民生活基礎調査」より阿部彩氏が推計
阿部彩「（解説）日本の子どもの格差の状況」ユニセフ『イノチェンティ レポートカード13 子どもたちのための公平性：先進諸国における子どもたちの幸福度の格差に関する順位表』2016年4月より

立ち上がる人々

どうするか。嘆いていても、その子たちの状況は改善しない。「親は何やってるんだ！」といらだつだけでも、改善しない。一ミリでもいい。動かすことが必要だ。多くの人たちが、この一ミリを動かすために立ち上がっている。子どもたちに新しい機会や体験を提供する活動があり、人生の選択肢を広げる資金を提供する活動がある。

　NPO法人キッズドア（渡辺《わたなべ》由美子《ゆみこ》理事長）は「タ

ダゼミ」という学習支援活動を展開し、通ってきている子どもたちの高校進学率を一〇〇％にしている。そこには多くの大学生たちが、ボランティアとして参加している。

食事を提供する支援もある。NPO法人豊島《としま》子どもWAKUWAKUネットワーク（栗林《くりばやし》知絵子《ちえこ》理事長）は、子どもたちが集まって食事する場をつくり、そこから気になる子どもを支える態勢をつくる。地域の大人たちが連携して、自治会・議員・行政も含めて、子どもとその親を支える。かつて高校進学すらためらっていた女の子が、短期大学に進学し、保育士の資格を取得した。

公益財団法人子どもの貧困対策センター・あすのば（小河光治《おがわこうじ》代表理事。私もアドバイザーを務める）は「入学・新生活応援給付金」として、街頭募金などで集めた浄財から、小学校・中学校入学生三万円、中学校卒業生四万円、高校卒業生など五万円を給付する（返済不要、成績不問）。

行政も動いている。国は「子どもの貧困対策の推進に関する法律」をつくり（一三年）、大綱を策定し、予算（「地域子供の未来応援交付金」）をつけ、民間の寄付を集めるための「子供の未来応援基金」もつくった。基金は、発足から一年あまりで八億円を超える資金を集めており（一七年五月現在）、これからも増えるだろう。

自治体も動いている。沖縄県は県内の子どもの貧困率を推計し（二九・九％）、対策費三〇億円を計上した（一六年〜）。長野県は、ルートイングループからの寄付をもとに、児童養護施設などの子どもたちの進学を支援する「長野県飛び立て若者！奨学金」を創設した（一五年）。市町村レベルでは、全国一六二の市町村長の参加を得て、「子どもの未来を応援する首長連合」が発足した（一六年）。

これらは、ホンの一例にすぎない。

お金だけの問題ではないが、同時に、人生の選択肢を広げる最低限のお金は欠かせない。関係を提供し、お金をかける。私たちは、そうやって育てられてきた。その機会をすべての子どもたちに。

されど一ミリ

すべての子どもたちに届いているかと言えば、そうではない。金額が十分かと言えば、そうではない。「それで十分か」と問えば、誰一人「十分だ」と答える者はいない。そんなことは、やっている本人たちが一番わかっている。「もっと根本的な対策が必要だ」と言えば、それもまったくその通りと答える他ない。そんなことも、やっている本人たちが一番わかっている。

それでも、一ミリを進める。その一ミリには、「不十分」「もっと根本的」とだけ指摘する言葉の一万倍の価値がある。たかが一ミリ、されど一ミリ。一ミリ動かすのに、どれだけの労力が必要か。やっている人（実践者）にはよくわかる。やっていない人（評論家）にはわからない。私は社会活動家として、実践者の側に立つ。

一ミリを動かすどんな試みが巷《ちまた》に溢《あふ》れているか。これから、その諸相を紹介していく。そこには、状況の厳しさと同時に、それに立ち向かう希望が示されるだろう。

子どもの貧困は減らせる。私たちの社会は、私たちの手で変えていける。

それは、たった一ミリに敬意を払う、私たち自身の姿勢から始まるはずだ。

2　意欲の貧困　あきらめないために必要なこと

高校生の声

「自分が早くじりつできたらと、なんどもふさぎこんだ」

「手をさしのべられると、ふりはらってしまう自分がいる。私は、こんな自分を好きになれないでいる」

「塾に行くことを諦《あきら》めなければいけませんでした」

「金額をみてあきらめたりすることが多い」

「けれど誰にも話せない。誰もわかってくれない」

「こういうふうに考えてしまう自分が、嫌いです」

「いつも一人でいる。学校でも一人ぼっちでいる」

「生きたいのかもわからない。自分のことがわからない」

「家族みんなが悲しい気持ちになる」


「あしなが育英会」に寄せられた、高校生の声だ。生活の苦しさとともに、追い込まれていく気持ちが語られている（「高校生の声」というタイトルでYouTubeにスライドショーを上げている。https://www.youtube.com/watch?v=6pNndzh3w3E）。

「何もそんなふうに思わなくても」と、私も思う。「生きていれば、きっといいことがあるよ」と。しかし問題は、私がそう思うかどうかではない。本人たちがそう思うか、思えるかどうかだ。どうすれば、それが可能になるだろうか。

努力するエンジンがない

久波《くば》孝典《たかのり》という若者がいる。二三歳の大学四年生。彼は小学校五年から高校三年生までを児童養護施設で過ごした。その彼が、一六年に開催された「公益財団法人子どもの貧困対策センター・あすのば　一周年のつどい」で、興味深いスピーチをした。「自分には『努力をする』というエンジンが備わっていない」と。彼のスピーチはこうだった。

自分はそもそも「努力する」というエンジンが備わっていない人間だと思いながら過ごしています。みなさんは、人間はなぜ努力するのだと思いますか。

ある文献には、努力の向こうに、勝利や成功などの対価を得た経験があるからだと書かれていました。そういった経験があるからその後も努力を積み重ねることができて、良いサイクルに入れる。しかし、私にはあまりそのエンジンが乗っていないと思います。私にそのエンジンが乗っていないのは紛れもなく私自身の責任です。それは言うまでもありません。ただ、本当は助けてほしかったです。

本当は、同じ学校のクラスメイトのように、こうした社会問題の存在を意識せずに生活したかった。「進学したい、何かになりたい、あれをやりたい」、そんな純粋な気持ちをまるっきりそのままだけで叶《かな》えられるような生活をしたかった。私にそれができなかったのは、ただただ私の責任で、情けないことこの上ないだけのお話なのですが、この『努力できない人間』を、『頑張ることで成功体験を得られなかった人間』を、どうか再生産させないでください。初めから報われる可能性がないと思い込んでいるから、努力することを思いつきすらしないだけなんです。

私は恥ずかしながら、ただそれだけの想いのために活動に参画させていただいております。自分は幸せになりたいとか、生きる希望を持つことができれば、それが努力の糧になると思うので、ささいな幸せでもいいから、子どもたちがただ純粋に何かを目指そうとすることのできる社会を作っていけたらと思います。

「『努力する』というエンジンが備わっていない」――興味深い表現だ。

児童養護施設出身者向けの給付型奨学金をかき集め、アルバイトと学業を両立し、自分で学費と生活費をまかなっている久波君に努力するエンジンが備わっていないとは思えない。それでも、彼から彼自身がどう見えているのか、貧困の子どもたちがどう見えているのかは知りたくなった。

努力するエンジン、やる気スイッチ、あきらめない力……貧困家庭に限らず、多くの親たち大人たちが探し求めているものだ。子どもの貧困対策を一ミリでも進めるヒントが、彼から得られるかもしれない。そう思って、改めて時間をとってもらい、教えを乞《こ》うた。

何かに興味をもつということのない子どもがいる……

「子どもたちに機会の平等が必要だということ、その合意はもう社会的にとれている。でもそれでは足りないと思うんです」と久波君は切り出した。久波君が見てきた児童養護施設の子どもたちの中には、そもそも何かに興味をもつことのない子がいる。仮に機会が平等にあっても、その与えられた機会を生かそうと思えない。

児童養護施設には、さまざまな子どもたちが入所してくる。親が育児をできなくなって、親の同意の下で入所してくる子たちもいれば（同意入所）、親の虐待から命からがら逃れてきた子たちもいる（措置入所）。あまりにも凄惨《せいさん》な人生を送ってくると、何かを目指そうとする気力が生まれなくなる。学習支援は重要だが、進学する意欲以前の問題を抱えている子がいて、その子たちに学習支援は届かないし、響かない。

では、どうすればいいのか。久波君の答えはこうだ。「僕の母をマイルドにしたような人が必要ではないか」

久波君の母親は、いわゆる教育ママだった。家族は完結しており、親戚《しんせき》づきあいもない、周囲から孤立した核家族だった。両親の仲は悪く、専業主婦の母親の情熱は、一人息子の久波君の教育に向けられた。さらに小学校二年のときに父親が自殺。残された母親のエネルギーは久波君に一身に注がれ、彼の言動が気に入らないと暴力をふるうようになった。小学生の彼は、その母親から逃れるため家出を繰り返し、保護されて児童養護施設に入所した。

その母親を「マイルドにする」とは？　自分の母親のような苛烈《かれつ》さではない教育熱心さだと、久波君は言う。たとえば、幼いころからキャンプや習い事はもちろん、キッザニアに連れて行ったり、こども議会に参加させたり……。子どもは何に反応するかわからない。わからないからこそ、さまざまな体験をさせる。

しかし、単発ではダメだ。そこにずっと寄り添って、その子が何に引っかかるか、何にこだわりをもつか、それを見極め、後押しし、伸びていく方向性を一緒に探してくれるような大人が必要だ、と。

施設職員にはできない？

児童養護施設の職員に、それはできないのか。「難しい」と久波君は言う。

職員の仕事は本来それだろうと言うことはできる。親代わり。しかし実際は、あまりにも凄惨な体験をしてきた子どもたちと向き合っている結果として、「食べられればよい」「暮らしていければよい」とハードルが下がってしまう。教育・養育の質にまで目が向かない。

仮にそうした問題意識をもっている職員がいても、社会福祉的な養成しか受けていないので、社会経験や人脈が不十分で、多角的な体験を提供できない人もいる。だからといって、養子縁組して家族になってもらうことで問題解決すればいい、とも思えない。それって結局「家族以外は誰もやってくれない」という現状と、根本的には変わらないんじゃないかと思うからだ。家族と他人の間に、そのようにして子どもに寄り添ってくれる人の存在する余地はないのか……。久波君の問いはこのようなものだった。

「アニキ」とか「オヤッさん」とか

ある、と私は思う。

その人たちはかつて「アニキ」とか「オヤッさん」とか「センパイ」とか呼ばれていた。「面倒みてくれる」人たち。面倒みながら、一緒にふざけたり、バカやったりしながら関係と信頼ができ、だからその人の「おまえ、それ結構向いてるんじゃない?」が強い影響力をもった。特に珍しくもない、ごくありふれた、どこにでもある関係だった。

ただ、それはいろいろとややこしいしがらみと背中合わせでもあった。「イヤなのに、どうして無理につき合わなきゃいけないんスか」と言われると、それでもと強要するのが難しい性質のものだった。一歩間違うと、「あの子たちとはあまり深くつき合わない方がいい」

と言われる関係に転化しかねないものだった。

また、ごくありふれたものだったからこそ、私たちはあまりつくり方を意識してこなかった。そういう関係が、あちこちで勝手につくられているときはよかった。勝手につくられなくなると、さて、どうやったらつくれるものなのか、誰もみんなを納得させる答えはもっていないのだった。

家族と他人の間のどこに位置づけられるべきものなのか。地域の人々によって担われるべきものなのか、専門家の有給の仕事として担われるべきものなのかも、人によって意見が分かれる。一人で背負いこむには重すぎるだろう。だからといって、どのようなチームが望ましいのか、わかりやすい正解があるわけでもない。誰かに「よろしく」と頼んで済むことではない。

ナナメの関係

ただ、その関係の重要性は認識されて、「メンター」とか「ナナメの関係」とか言われるようになっている。欧米では、このような関係を取り結ぶ若者たちが「ユースワーカー」として、社会福祉の中に位置づけられてもいる。それも参考にしつつ、日本でどのような仕組みと態勢が望ましく、そして現実的なのか、多くの人たちが試行錯誤を繰り返している。

機会の平等の確保は必要で、重要なことだ。その上で、さらにそこに手が届かない子どもたちに手を伸ばす試みも積み重ねられていくべきだし、積み重ねられている。しんどい思いをしている子どもや若者のメンターとなり、ナナメの関係を取り結んでいくのは、私かもしれないし、あなたかもしれない。

昔には戻れない現在という地点において、未来へ向けて新たな〝場〟を創り出していく必要がある。「一ミリでも進める」とはそういうことだ。その努力を一人ひとりが積み重ねていくことが「あきらめない力」をはぐくむだろう。大人たちがあきらめない社会でこそ、あきらめない子どもたちが育っていくはずだ。

3 「相対的貧困」とは「格差」である

NHK報道〝炎上〟の経緯おさらい

ある高校三年生が、子どもの貧困に関するイベントで、当事者として発言した。それをNHKが七時のニュースでとりあげた。五〇万円の学費が工面できずに好きなデザイン系の専門学校に進学できないこと、家が貧しくてクーラーのないことなどが映し出された。特に視聴者に強い印象を与えたのが「一〇〇〇円のキーボード」だった。中学生のとき、パソコンの授業についていけなくなったとき、母親が「パソコンは買ってあげられないが」と与えてくれたものだという。

ところがその後、彼女が好きな映画を六回見ていることや、七八〇〇円のコンサートチケットを買っていること、好きなマンガの関連グッズを買って「散財した！！！」と書いていることなどがツイッターの履歴からわかり、〝炎上〟した。

国会議員の片山《かたやま》さつき氏がＮＨＫに説明を求め、ＮＨＫは「貧困の典型例として取り上げたのではなく、経済的理由で進学を諦めなくてはいけないということを女子高生本人が実名と顔を出して語ったことが伝えたかった」と釈明した。――こういうことがあった。

「裏切られた感」が〝炎上〟を招いた

高校生のツイッターを見て、怒りを覚えた人たちの気持ちはわかる。番組を見て「一〇〇〇円のキーボードしか買えないほど家計が苦しい」という印象を受けたのに実態が違う、だまされた、と感じたのだろう。その「裏切られた感」が〝炎上〟を招いた。

彼女は、番組から印象づけられたほどには貧しくない、過剰に貧しさを演出するのは行き過ぎではないか、と。それが「ねつ造」という批判になった。ねつ造されたのは「貧困」だ。彼女は「貧困」でないのに「貧困」とねつ造されたのだ、と。

相対的貧困状態とは矛盾しない

それに対して「いや、それも貧困なんです」という反論が出ている。

いま日本で言っている「貧困」は「相対的貧困」のことであり、それは彼女のような「趣味に使えるお金がないわけではないが、まとまった進学費用は用意できない」という低所得家庭を含む。

年間所得が単身者で約一二二万円、二人世帯で約一七三万円、三人世帯で約二一一万円、四人世帯では約二四四万円まで（二〇一二年時）は、日本政府の定義で「相対的貧困」であり、相対的貧困状態であっても上のほうは、衣食住に事欠くわけではない。それでも、定義上は「貧困」だ。

したがって、彼女が同じ映画を六回見ようと、七八〇〇円の観劇をしようと、一〇〇〇円以上のランチを食べようと、それはやりくりの話であって、相対的貧困状態であることと矛盾しない、と。だから、彼女は「（絶対的）貧困」ではないだろうが「（相対的）貧困」であり、「子どもの貧困」というタイトルの下に彼女をとりあげても問題ないし、彼女の消費実態は「進学できない」という番組の中心的要素に比べて枝葉の問題なので、とりあげなかったことも問題ない。だから「ねつ造」という批判は当たらない、と。

理屈は正しくても腹落ちしていない、「格差」と「貧困」

この反論は理屈の上では正しい。私もそのように言ってきた。同時に、今回の〝炎上〟は、その理屈を十分に普及・浸透させられていない、より多くの人に「腹落ち」してもらっていないという私たちの力不足を示している、とも思う。

「貧困」といえば、当然に衣食住を欠くほどに貧しいことを指す、と考える人は依然として多い。周りの人ができることができない（みんなが修学旅行に行くのに、自分だけ行けない）といった相対的落ち込みは、日本ではむしろ「格差」の問題として語られてきた。衣食住に事欠くほどの「貧困」なら社会的になんとかすべきだが、「格差」ならある程度は許容できるし、許容すべきだというのが、大方の理解だ。

ではその「格差」と「相対的貧困」は、どういう関係にあるのか。

改めて考える「貧困」と「格差」

格差はある程度までは「あって当然」のものである。たとえば「経済格差ゼロ」の世の中は考えにくいし、もしあったら気持ち悪い。むしろ、ある程度の格差がなければ資本主義は成立しない。差異（違い）は多様性の源だからだ。

ところが「ある程度」を超えると、格差は社会に対してマイナスに作用し始める。活力の源泉ではなく、活力をそぐ方向に機能し始める。格差があることによるメリットをデメリットが上回る。

個人レベルでは、ある程度の格差は努力の源泉になる。「自分だって、やってやる」と。しかし、過度になると「あきらめ」「絶望」が生まれ始める。「どうせ無理」「やってもムダ」と。その怖さはみんなが知っている。だから繰り返し言う。「夢や希望をもてるように」と。社会レベルでは、ある程度の格差はイノベーションの源泉になる。「より多くの教育投資」「他社よりよいサービス」「さらに便利な商品」……。しかし、ある程度を超えると「排除」が生まれ始める。進学できない、健康被害、社会的孤立、自殺、「誰でもよかった殺人」……。これは社会の活力をそぐ。

「ある程度の許容範囲の格差」と「過度の格差」の境界を示すメルクマール（目安）が「相対的貧困」だ。これを超える落ち込みを示す人たちが増えると、消費は停滞しますよ、活力はむしろそがれてしまいますよ、社会は不安定化しますよ、と。

だからOECD（経済協力開発機構）のような国際機関が、手間暇かけて相対的貧困に関する各国のデータを収集し、報告書をつくり、対策を促している。日本政府も、それがわかっているから、相対的貧困率を発表し、「一億総活躍」を謳《うた》い、最低賃金をかつてないペースで引き上げている。

相対的貧困指標の〝限界〟

もちろん「相対的貧困」は機械的な指標であり、あくまでメルクマールにすぎない。相対的貧困は「所得の中央値の二分の一未満」を指すが、「二分の一未満」に明快な根拠はない。「二分の一未満」という指標は、ＯＥＣＤが設定した共通指標にすぎない。現にＥＵは、独自に「所得の中央値の六〇％未満」をメルクマールにしている。日本が独自に「所得の中央値の四〇％未満を『過度の格差』と認定する」と設定することも可能だ。

また社会的な目安なので、個人単位では、あてはまらない人たちも大量に出てくる。極貧だったからこそがんばって成功した、という人がいるだろう。その人にとっては、過度の格差こそが自分の活力の源泉だった。中途半端な違いでは「むしろ燃えなかった」と振り返る成功者もいるだろう。

特に日本は「奇跡」と言われた高度経済成長を体験した国だ。敗戦で生まれた欧米との巨大な格差を埋めてきた経験を持つ。急速に生活が豊かになり、社会的地位の上昇のチャンスも多く、幼少期にとても貧しかった経験を持つ人が、功成り名を遂げている事例は少なくない。しかも、その体験を自身の体験として持っている世代が、まだ健在だ。横並び意識が強いと言われる日本だが、大きな格差を肯定する人たちも少なくない。もちろん、わずかな違い（格差）で深く傷つく人たちも、当然いるだろう。

親の方針によって左右される子どもの消費行動

子どもについては、さらに「はずれ値」の増える可能性がある。

子ども自身には収入がなく、多くの場合、子どもの懐具合は親が決める。家庭的には裕福でも、親の教育方針によって子どもにわずかな小遣いしか渡さない家があるだろう。その家の子は、貧困家庭の子どもよりも自由にできるお金が少ないかもしれない。貧困家庭でも、自分のアルバイト代は全額自由に使えるという家もあるだろう。その子は、他の子よりも「羽振りがよい」かもしれない。

家にお金がなくても、子どもにはスマホやゲーム機を買い与えようとする家もあるだろう。反対に、家にお金があっても、買い与えないという家もあるだろう。買い与えることが、教育のためなのか、単に子どもにせがまれたからなのかによって、「意味」も違ってくる。子どもの消費実態が、家全体の所得の多寡をどこまで反映しているか、大きな傾向は示せても、個々に見れば「その通りではない」事例は数多く見出《みいだ》せるだろう。

それでも言えること

したがって、機械的な指標である相対的貧困の状態にあることが、その家庭の行動を一義的に説明してくれるわけではない。また、子どもの消費行動が一律に決まるわけでもない。

それでも、おそらく、以下のことは言える。

一、**相対的貧困率が傾向的に高まっていく国は、中長期的な発展についての疑問符がつく**

日本は〇六年一五・七％、〇九年一六・〇％、一二年一六・一％と相対的貧困率が傾向的に高まっている。傾向的には下がっていくほうが、国の健全性にとって望ましい。

また、子どもの貧困率は、〇六年一四・二％、〇九年一五・七％、一二年一六・三％と、国全体の伸び率よりもさらに強い上昇傾向にある。「だからこそがんばれる」という人も個々にはいるだろうが、やはり好ましいこととは言いがたい。だからこそ、与野党全会一致で「子どもの貧困対策の推進に関する法律」ができた（一三年）。

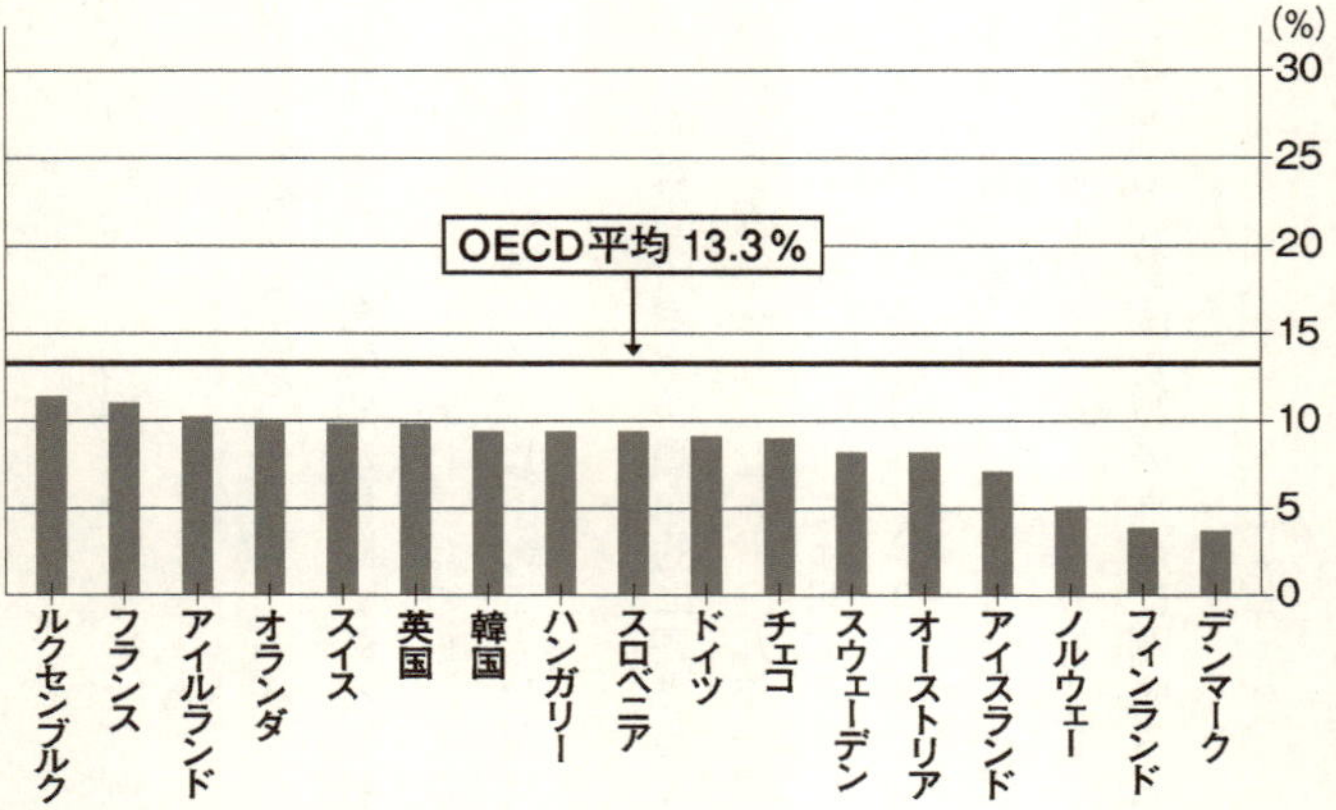

年、チリの数値は2011年。

二、相対的貧困状態がゼロになっても、格差はなくならない

仮に全員が「中央値の二分の一以上」に収まったとしても、中央値との格差がゼロになるわけではないし、数十億、数百億円稼ぐトップの人たちとの格差がなくなるわけでもない。相対的貧困率を傾向的に減らすことは「格差をなくす」ことではない。

三、資本主義国でも、それは可能だ

同じ資本主義国でも、相対的貧困率には大きなバラつきがある。ＯＥＣＤ諸国の中で、最も低いデンマークは三・七％、イギリスも九・八％（一〇年）。資本主義国においても、相対的貧困率を減らすことは可能だ。

特にイギリスは、この約二〇年で子どもの

図3-1 子どもの貧困率（相対的貧困率の国際比較 2010年）

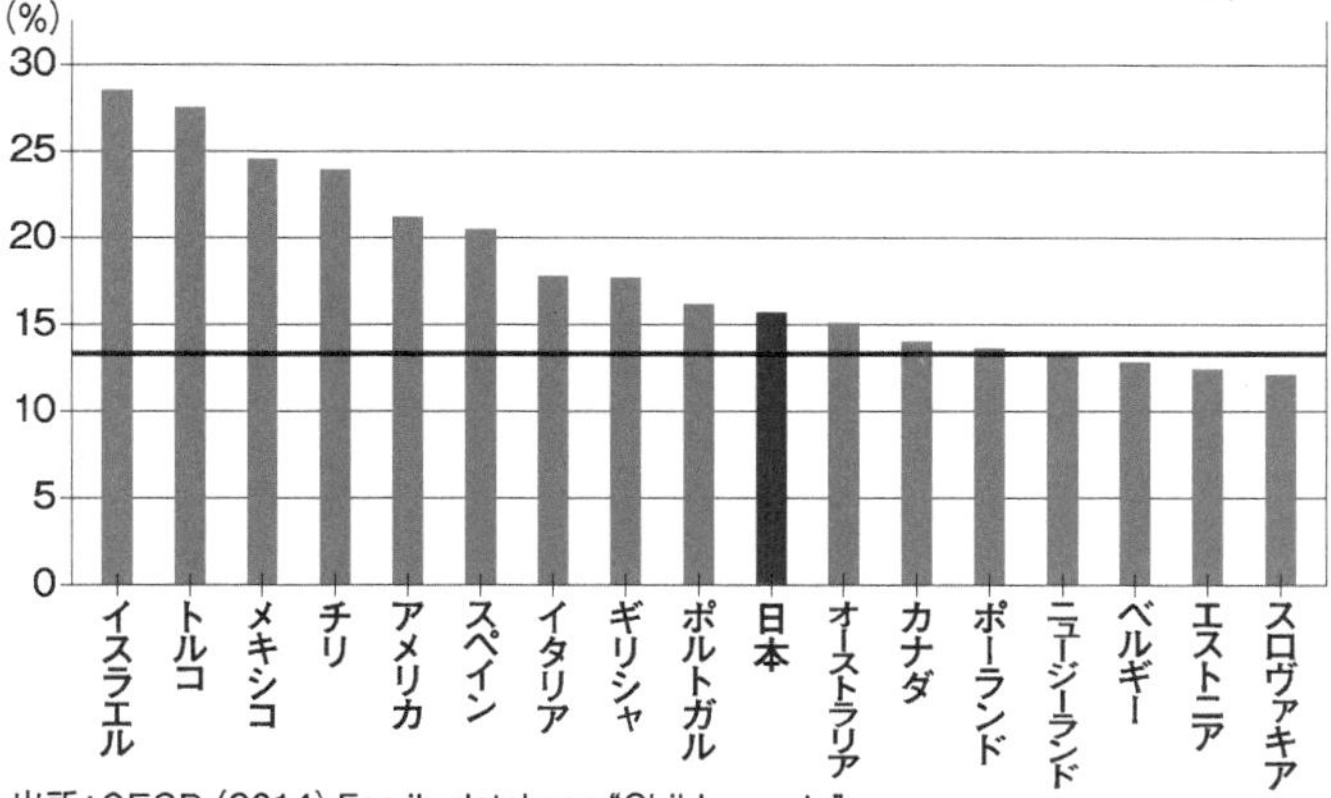

出所：OECD（2014）Family database “Child poverty”
（注）ハンガリー、アイルランド、日本、ニュージーランド、スイス、トルコの数値は2009
内閣府『平成26年版 子ども・若者白書』より

貧困率を低減した実績を持つ。仮に日本が一〇%まで低減できれば、約一二五万人の子どもたちを貧困から脱却させることができる。

四、相対的貧困率を減らすのは、現金給付だけが唯一の方法というわけではない

たとえば保育園を整備すれば、働き続けられるシングルマザーの割合は増え、その家庭の所得は増える。介護サービスで介護離職を減らすのも同様の効果がある。相対的貧困状態への対処法は、家庭への現金給付以外にも、多様な方法がありえる。実際、子どもの貧困対策として行われている施策も、学習支援、食事支援、相談員配置など、サービスの提供が中心だ。

反省とこれから

今回のNHK貧困報道〝炎上〟は、登場した高校生と番組を制作したNHKが「まとまった進学費用を用意できない程度の低所得、相対的貧困状態にある」ことを提示したのに対して、受け取る視聴者の側は「一〇〇〇円のキーボードしか買えないなんて、衣食住にも事欠くような絶対的貧困状態なんだ」と受け止めた。そのため、あとで出てきた彼女の消費行動が、一方からは「相対的貧困状態でのやりくりの範囲内」だから「問題なし」とされ、他方からは「衣食住にも事欠くような状態ではない」から「問題あり」とされた。

いずれにも悪意はなく（高校生の容姿を云々《うんぬん》するような誹謗《ひぼう》中傷は論外）、この行き違いが求めているのは、衣食住に事欠くのでなければ、その格差は放置されるべきか、という点に関する冷静な議論だ。そしてその議論は、どうすればより多くの子どもたちが夢と希望を持て、より日本の発展に資する状態に持っていけるか、という観点でなされるのが望ましい。その際には、高度経済成長を経験した日本の特殊性や、格差に対する個人の感じ方の違いを十分に踏まえた、丁寧な議論が不可欠だ。

私は貧困問題を強調してきたが、その点が十分だったかと言えば、反省がある。なので、今回の一件に関しては、登場した高校生に対しても、「裏切られた感」を抱いた視聴者にも、申し訳ないと感じる気持ちがある。その反省を踏まえ、今回の一件を建設的議論に発展させていきたい。

4　「昔のほうが大変だった」その上で考えるべきこと

子どもに責任はない

子どもの貧困は、大人の貧困に比べて、広い理解を得やすい。

一番の理由は「自己責任」と言われないこと。大人だと、どうしても「そうなる前になんとかできたはず」と言われるが、子どもの場合は言われない。「親が悪い」とは言われるが、それも親を選べない子の責任にはならない。大人の貧困に比べて、批判を受けにくく、共感を得やすいテーマと言える。

影響力ある「昔のほうが大変だった」

ただ、代わりに言われることがある。「昔のほうが大変だった」ということ。

これは、高齢の、特に男性から言われることが多い。そしてこの方たちが地域や社会で力をもっている（地方議員や自治会長など）。子どもの貧困対策を進める上では、この方たちにも理解してもらう必要があるが、そのためには「昔のほうが大変だった」というこの言い方に向き合う必要がある。

どう受け止め、なんと返せばいいのか。

高度経済成長と相対的貧困

よく知られているように、日本は戦後の焼け野原から、一九六〇年代の高度経済成長をへて先進国の仲間入りをし、バブル崩壊以降「失われた二〇年」とも言われる経済的な停滞を経験してきた。特に高度経済成長は、一般市民の暮らしを劇的に変化させた。それはスマホ普及の比ではない。

そして現代の子どもの貧困は、この高度に発達した日本社会で、暮らしぶりが相対的に落ち込んでしまっている子どもたちの問題としてある。所得の中央値の半分以下が相対的貧困状態だ。平均的な暮らしをしている人たちから見れば、その子たちの状況は、上から谷間をのぞきこむような感覚になる。

しかし、私たちの社会には、まだ高度経済成長期前の記憶をもつ方たちがご健在だ。

私は一九六九年生まれの四八歳で、物心ついたときには、すでに冷蔵庫・洗濯機・炊飯器

図4-1 どこから見るかで見え方が違う

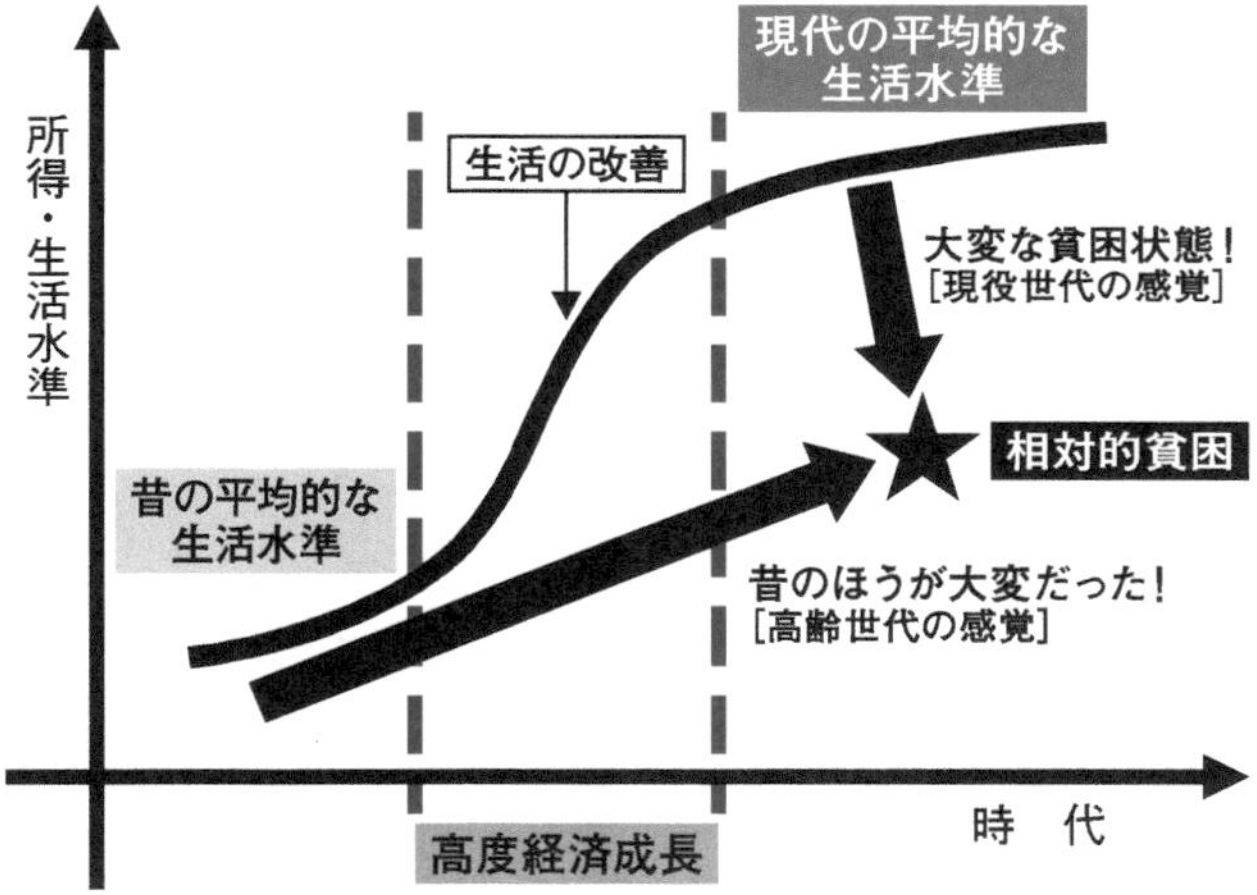

に囲まれていた。しかし、私より一〇歳以上年長の方たちは、そうした物もなく、日本全体がまだまだ貧しかった時代の記憶を自身の幼少期の記憶としてもっている。その方たちから見ると、相対的には落ち込んでいる子どもたちの抱える問題は、まだまだ「生ぬるい」。

「修学旅行に行けない」と言われても「それで死ぬわけじゃない」。「大学に進学できない」と言われても「自分は中卒で働いた」。靴をはいて、ランドセル背負って、学校に通えていて「なんで貧困なのか」と。

否定しあう関係からは何も生まれない

子どもの貧困に関心を寄せ、取り組んでいる人たちからすると、それは、貧困の子どもたちの苦しさを否定する言い方のように聞こえるだろう。「でも、修学旅行に行けないのもとても大変なんです」「でも、大学に行けないと生涯賃金はこんなに違ってしまうんです」と、反論したくなる気持ちが生まれると思う。

しかし「でも〜」で始めてしまうと、今度は相手が否定された気持ちを抱くことになる。今の子どもたちの貧困を認めることで、何か自分の幼少期の苦労を置き去りにされるような、そんな感覚を万が一にも持たれてしまっては、関心を寄せ、耳を傾けてもらうことは難しくなる。

否定しあう関係に入ってしまうと、目線を合わせることは難しくなる。反発すら生みかねない。「ウチの地域にそんな子はいない！」などと言われてしまったら、それによって不利益をこうむるのは子どもたちだ。

コトは感情の取り扱いにかかっている

「昔のほうが大変だった」が、どこまで事実に即しているかは、この場合重要ではない。重要なのは、この力をもつ人たちが理解してくれないと、子どもの貧困対策の進まない場合があるという現実のほうだ。

コトは「感情」の取り扱いにかかっている。私たちは相談者に対するとき、感情的なひっ

図4-2 力を込めて肯定した上で……

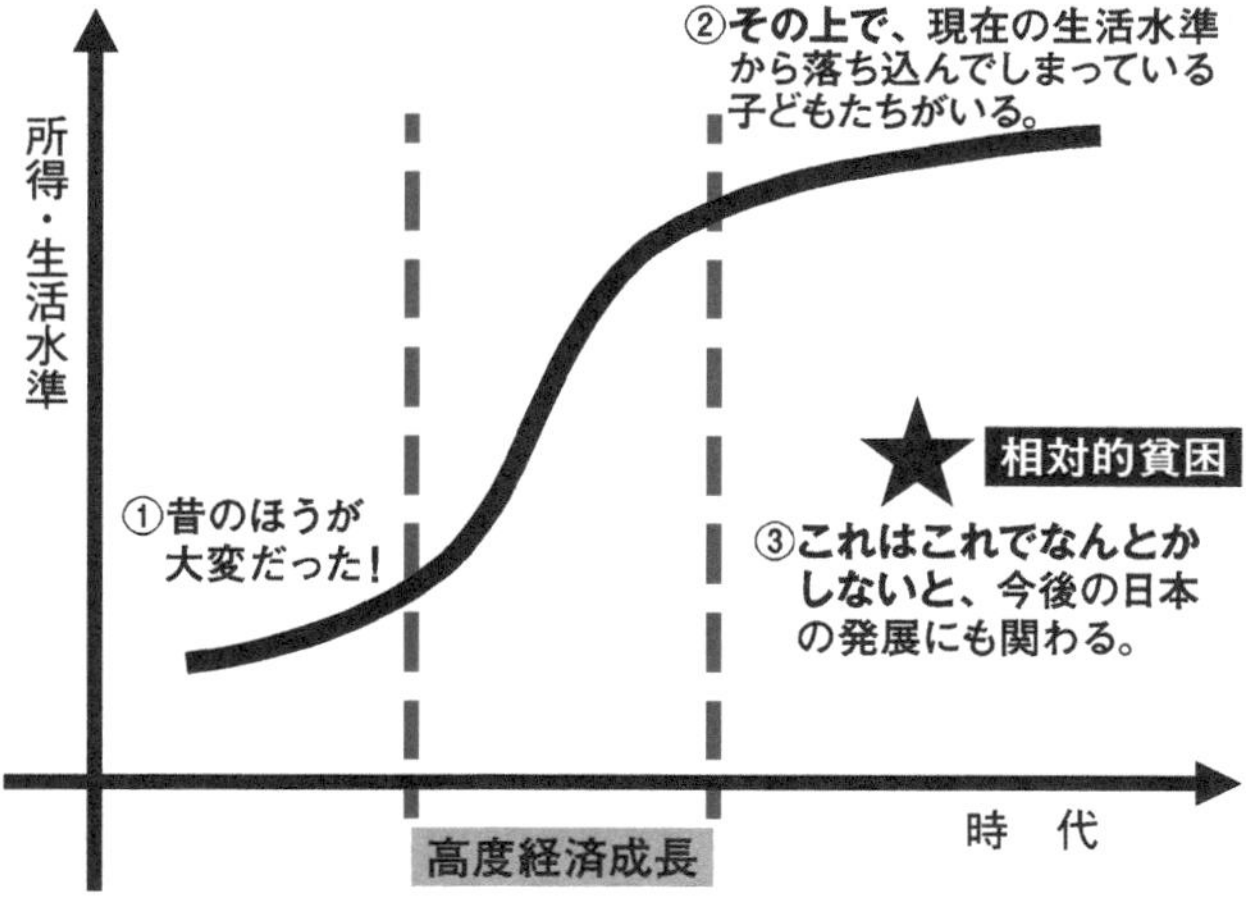
所得・生活水準
②その上で、現在の生活水準から落ち込んでしまっている子どもたちがいる。
相対的貧困
①昔のほうが大変だった！
③これはこれでなんとかしないと、今後の日本の発展にも関わる。
高度経済成長
時　代

かかりを取り除いて初めてこちらのメッセージが入っていくという現実があるのを知っている。それと同じだ。

その人たちも悪意があって言うわけではない。今の子どもたちの大変さを否定したいのではなく、自分の幼少期の苦労を、自らの人生の一部として尊重して欲しいというだけだ。「昔のほうが大変だった」という言い方を受け入れると、今の子どもたちの大変さを否定することになるという受け止めは、論理的には正しいかもしれないが、感情の取り扱い方としては、正しくない。

力を込めて肯定しよう

だから「おっしゃるとおり！　昔のほうが大変でしたよね!!」と力を込めて肯定するの

がいい。自分たちのほうが大変だったと認められれば、その部分のひっかかりが取れ、他のことを聞き入れるスペース（気持ちの余裕）が生まれる。

その空いたスペースに向けて、「その上で、今、相対的に落ち込んでしまっている子どもたちの問題も考えていきたい」「その子たちがこれからの日本の将来をしょって立つ」「その子たちががんばれなければ、私たち自身の老後も立ちゆかない」と投げかけたほうが、そのメッセージが入っていく可能性が高まる。

わかりやすく、非の打ちどころのない貧困

このことが重要なのは、このひっかかりが取れないと、反発を受けまいとする配慮が新たな「ゆがみ」を生み出すためだ。

たとえばマスメディアには、「昔のほうが大変だった」という反応を招かないように、より厳しい子どもを取り上げようとする誘因が働く。高度経済成長期前の記憶をもつ人たちにも共感してもらおうと思えば、非常にわかりやすい貧困、非の打ちどころのない貧困、絶対的貧困を取り上げたほうがよい、となるためだ。結果として、メディアに登場する貧困の子どもたちは「食べるものがなく、ティッシュを舐《な》めて甘いと言った」というような、厳しい中でもかなり厳しい、極限状態の子どもたちが多くなっていく。

「落とし穴」に気をつけたい

ただ、これには「落とし穴」がある。というのも、反発を受けにくい、より分かりやすい貧困、非の打ちどころのない貧困、絶対的貧困にフォーカスしすぎると、相対的に落ち込んでしまっている多くの子どもたちの姿が、より一層見えにくくなってしまうからだ。「子どもの貧困」と聞いたときに、人々の頭に思い浮かぶのが厳しい上にも厳しい子どもたちのことになると、実際に多くいる「そこまではいかないが、相対的に落ち込んでいる」子どもたちの姿が、見えにくくなってしまう。

しかし、六人に一人と言われる貧困状態の子どもたちの中で、実際に多数を占めるのは、この子どもたちだ。厳しい中にも厳しい、非の打ちどころのない貧困、絶対的貧困の子どもたちは、実数としては多くない。結果として、「枕詞《まくらことば》のように六人に一人と言われるが、本当にそんなにいるのか？」「途上国のようにストリートチルドレンがいるわけじゃない」「アフリカの難民キャンプのように、おなかの膨れ上がった栄養失調の子どもたちがそんなにいるわけじゃないだろう」という逆転した反応を呼び込んでしまう。ひいては「相対的貧困の子は貧困ではない」という反応にも結びつきかねない。

「生ぬるい」との批判を回避しようとするあまり、意図せずして、ある種の「罠《わな》」にはまりこんでしまう。相対的貧困の子を不可視化してしまうという倒錯した結果をもたらしてしまう。それは、とても残念なことだ。

だからまずは共感することが必要だ。共感してもらうために。

目線を合わせよう

子どもの貧困は、幸いにも多くの人たちの注目を集めている。なんとかしようという社会の気運も高まっている。「昔のほうが大変だった」と感じる人たちの理解と協力も得られれば、さらに進展していくだろう。そうして世の中の合意形成が進んでいけば、イギリスのように子どもの貧困率を減らしていくことも夢ではない。

それを言いたくなる人たちの気持ちに向き合い、丁寧に解きほぐし、目線を合わせていきたい。それが子どもたちの利益、ひいては私たち社会全体の利益となるから。

5　「居場所」が提供するもの　時間を取り戻せ

居場所とは何か?

こども食堂や学習支援スペースなどは「子どもの居場所」と言われる。居場所とは何か。

自分のいる場所を指すこともあれば、得意分野などを指すこともある。「○○が私の居場所になった」という用法もある。ある場所が誰かにとっての居場所になるかどうかは、もともと個人的・私的なものだったが、近年では「高齢者の居場所」「子どもの居場所」と、集団を対象とする場の呼称としても使われる。その場合には、孤立防止といった公共的機能を担う場という意味がある。よく聞く言葉だが、用法が広く、つかみどころがないと感じる人もいるのではないか。

どういう条件を満たし、何が提供されれば、そこは居場所になりえるのか。「居場所」の今日的用法を踏まえつつ、その意味するところを、子どもの貧困問題から考えてみたい。

居場所が提供するもの

居場所は、子どもたちに以下のものを提供している。

一、栄養や知識

こども食堂であればカロリーやビタミンといった栄養、学習支援であれば漢字や算数の知識。これ自体は、無料や低額で提供されること以外は、街なかの定食屋や進学塾と変わらない。

二、**体験（交流）**

友だちと一緒に食べる、一緒に遊ぶ、野球にサッカーにボードゲーム、川辺のバーベキュー、海や山へのキャンプ、田植え……。「ふつう」の子どもたちが親から与えてもらっている体験が不足または欠如している子どもたちに、団体や地域が提供する。親や先生と違う第三の大人との「ナナメの関係」なども、これに含まれる。

体験は「特別な体験」にかぎらない。「みんなで鍋をつつく」という、多くの人にとっては特別ではない体験が、ある子には特別な体験となることもある。

ある「こども食堂」での話。今日は鍋にしようと、大人たちが鍋料理をつくったところ、高校生の女の子が「みんなで鍋をつつくって、本当にあるんだね」と言った。彼女には、その経験がなかった。みんなで鍋をつつくというのは、テレビの中でだけ起こるフィクションだと思っていた。スーパーマンが空を飛ぶように。（本書一四頁より）

三、時間

自分に関わり、自分を見て、自分に声をかけて、自分の話を聞いてくれる時間。それを通じて、子どもたちの中に「何か」が溜《た》まっていく。この時間が、つながりを生み、居場所の外にもつながりを広げる。滋賀県近江八幡《おうみはちまん》市で「むさっ子食堂」を運営する石田幸代《いしださちよ》さんは、その目的を「(街で出会ったときに)『こんにちは』だけで終わらない地域づくり」と語った。

四、トラブル対応（生活支援）

そこを訪れるさまざまな子どもたちから何らかのサインが発せられたとき、それをキャッチして専門支援、制度サービスにつなげる発見力と解決力。表立って掲げられると子どもはかえって来づらいので、必要に応じて「実はこういうこともできる」と持ち出されることが多い。

岩手県盛岡《もりおか》市でこども食堂を運営している「インクルいわて」の山屋理恵《やまやりえ》理事長は、それを「裏メニュー」と呼んだ。また兵庫県明石《あかし》市では、子どものサインをキャッチする機能に着目して、こども食堂を「気づきの拠点」と呼んでいる。豊富な「裏メニュー」があれば、いろんなサインに気づき、子どもはもちろん、家族も含めたさまざまな事態に対応できる。

核は「時間」

どれも重要だが、にもかかわらず十分に意識化・言語化されていないものがあるとすれば、三の「時間」だろう。

「時間」は、居場所の居場所たるゆえん、居場所の核をなしている。埼玉県で学習支援を行っている「彩《さい》の国子ども・若者支援ネットワーク」代表理事の白鳥勲《しらとりいさお》さんは、学習支援教室でマンツーマンにこだわるのは、単に「教えやすいから」だけではないと言う。

一緒に過ごす時間の中で、子どもたちの中に何かが溜まっていく。それはコップに水が溜まっていくようなものだ。そしてあるとき、溢れる。そのとき、子どもたちは「何かやってみたい」と言い出してみたり、将来について心配し始めたり、急に勉強し始めたりする。いつ溢れるか、それは私たちにはわからないし、本人にもわからない。でも、人の成長にはそういう時間が必要だということはわかる。（本書一〇〇頁より）

子どもには、かまってもらう時間が必要だ。話しかけたり、耳を傾けたり。そうした人との関わりの中で、子どもたちは社会性や常識を身につけ、語彙《ごい》を増やし、物事の見方や考え方を学んでいく。そこに十分な時間がかけられたとき、その相手やそこにあるモノ、それを包む空間は、その子になじみ、身構えなくてよくなり、自分が自分でいられるようになり、居場所になる。

自立には依存が必要

それゆえ、児童福祉の対象となる子どもたちの自立には「十分な依存体験」が必要だとされている（『子ども・家族の自立を支援するために—子ども自立支援ハンドブック』児童自立支援対策研究会編、二〇〇五年）。

「十分な」は、質量ともにということだ。十分な依存体験があって、子どもはそこを居場所と感じ、それが自立心を育てる。コップに水が溜まっていき、あるときあふれ出るように。また、細いロールペーパーの芯《しん》に紙が巻き取られて太くなっていくように。

自立とは、自分で決定すること、その結果を引き受けること、そしてそこで得た体験や感情が自分の中に蓄積されることで、自分の中の「芯」が太くなった状態を指す。決定に至る過程で感じた喜怒哀楽や、想定外の結果までをも引き受けざるを得なかった苦い経験、逆に思わぬ喜びに満ちた経験、そうしたものが、ロールペーパーの細い芯にどんどん紙が巻き取られていくように十分に太くなったとき、簡単に折れることなく、自己を引き受けられる自己が形成されることを言う。

十分にかまってもらう時間、それがあって、食事も学習も、体験も、生活支援も生きてくる。逆にそれがなければ、こども食堂とファーストフードの区別、学習支援教室と進学塾の区別はあいまいになってくる。居場所のキモを外さないために、このことは強調しておきたい。

そして……居場所が問うもの

そして、このことは、私たち大人に深刻な問いを投げかける。子どもたちは「かまってもらう時間」を必要としている。「では、大人たちにその時間はあるのか？」

この問題を四〇年以上前に指摘した古典がある。ミヒャエル・エンデの『モモ』。物語の中で、人々は自身の生活の効率化を進める。それは「ゆとり」を生むためだ。しかし、効率化をいくら進めてもゆとりは生まれない。それどころかますます忙しくなる。なぜそんなことになるのか。それは「時間どろぼう団」が浮いた時間を盗んでしまうからだ。モモの親友、ジジ（ジロニモ）が言う。

「これまで、ますますおおぜいの人たちが、あらゆる方法でたえず時間を倹約するようになってきたんだが、それなのに時間はますます少なくなっている。いいか、みんな、この倹約した時間は、人間からうばわれてしまっているんだ。なぜか？　モモがそのわけを見つけ出した！　この時間は、文字どおりの時間どろぼう団にぬすまれているんだ！」（ミヒャエル・エンデ『モモ　時間どろぼうと　ぬすまれた時間を人間にとりかえしてくれた女の子のふしぎな物語』大島かおり訳、一九七三年原作、一九七六年訳書、岩波書店、一三八―一三九頁）

「あそび」から「あそび」が失われる

言うまでもなく「時間どろぼう団」は、私たち自身の効率化を追い求める心の隠喩《いんゆ》（メタファー）だ。それは、効率化の対極にあるはずの「あそび」さえも変質させてしまう。「あそび（プレイ）」から「あそび（余裕・余白、私の言葉でいえば「溜め」）」が失われる。

彼らは余暇の時間でさえ、すこしのむだもなく使わなくてはと考えました。ですからその時間のうちにできるだけたくさんの娯楽をつめこもうと、もうやたらとせわしなく遊ぶのです。（同書、九三頁）

大人たちの変質は、子どものあそびをも変質させる。

「すごくさがしたのよ。」と、モモは息をはずませて言いました。「これから、あたしのところに来ない？」三人は顔を見あわせ、それから首をよこにふりました。

「じゃ、あしたは？　それとも、あさって？」

また三人は首をふりました。

「ねえ、ぜひまた来てよ！　まえにはいつも来てくれてたじゃないの。」

「まえにはね！」とパオロがこたえました。「でもいまは、なにもかも変わっちゃったんだ。もうぼくたち、時間をむだにできないのさ。」

「いままでだって、むだになんかしなかったわ。」とモモが言いました。

「あのころはよかったわね。」とマリアが言いました。「でももう、あんなことはできなくなったのよ。」

三人の子どもはいそいで歩きだしました。モモはそのよこを小走りについて行きながら、ききました。

「で、これからどこに行くの？」

「遊戯の授業さ。遊び方をならうんだ。」と、フランコがこたえました。（中略）

「そんなことがおもしろいの？」とモモは、いぶかしそうにききました。

「そんなことは問題じゃないのよ。」と、マリアがおどおどして言いました。「それは口にしちゃいけないことなの。」

「じゃ、なにがいったい問題なの？」

「将来の役に立つってことさ。」とパオロがこたえました。（同書、二八六―二八七頁）

ゆとりのために、ゆとりを犠牲にする

私たちはずっと、これを仕方のないこととして受け入れてきた。私たちは『モモ』に出てくる、親にかまってもらえない男の子だった。「ぼくの親はぼくをだいじに思ってるよ。でも、いそがしいんだ、どうしようもないじゃないか。ひまがないんだもの。」（同書、一〇三頁）。

なぜ仕方がないのか。経済成長のためだから仕方ない。経済成長しなければ、子どもたちの健全な養育環境も保障できない。それと引き換えに失うものはある。だが「どうしようもない」。経済成長が根幹なんだから、と。ゆとりを犠牲にしなければ成長は手に入れられない、と。ゆとり（豊かさ）のために、ゆとり（あそび）を犠牲にせざるを得ないという理屈だった。それゆえ、この議論がメインストリームになることは、長い間なかった。

時間を取り戻す

しかし今、そのことに疑問符がつき始めている。

経済成長が不要だというのではない。経済成長のためにこそ「時間」が必要なのではないかという議論が、さまざまな文脈で行われている。

「ワーク（仕事）とライフ（生活）のバランスをとることが、仕事の生産性を高める」「会社に住むような長時間労働では、仕事に必要なアイディアも生まれない」「異質な人たちとの多様な交わり・経験が、新たな発想を生み出す」などなどだ。現在行われている長時間労働規制や育休取得推進の「働き方改革」は、まさに経済成長を目指して行われている。ゆとりと経済成長を対立的に捉《とら》える発想は、揺らぎ始めている。

議論百出で、かなり混とんとしているものの、そこには「時間を取り戻す」というメッセージがたしかにまぎれこんでいる。それはもはやノスタルジーではなく、経済的にも合理的な、リアリティと責任のある議論になり始めている。

価値転換のきざし、か？

子どもたちは鏡だ。居場所の必要性が声高に言われる社会は、居場所に飢えている。子どもたちに居場所が必要だというのは、何よりも大人たちの時間のなさをこそ映し出している。

そしてこども食堂や学習支援の取り組みの広がりは、仮に無意識だとしても、それに対する反省と価値転換のきざしを示しているのかもしれない。

だとすれば居場所の意味は、単に「かわいそうな子どもたちに場を提供してあげる」ものに留《とど》まらない。「暮らしのありように関する子どもたちからの警告を私たち大人が受け止められるか」という、より大きな価値判断を問うものとなるだろう。

居場所が問うものは、大きくて深い

エンデは、時間どろぼう団の裁判官にこう言わせていた。

子どもというのは、われわれの天敵だ。子どもさえいなければ、人間どもはとうにわれわれの手中に完全に落ちているはずだ。子どもに時間を節約させるのは、ほかの人間の場合よりはるかにむずかしい。だからわれわれのもっともきびしい掟《おきて》のひとつに、子どもに手を出すのは最後にせよ、というのがきめられているのだ。（同書、一五四―一五五頁）

そして子どもたちは、大人たちに警告するために次のようなプラカードを作製していた。

時間のせつやく？　でも、だれのために？
子どもたちは大きい声でよびかける　みんなの時間はぬすまれてるぞ！（同書、一四五頁）

この声を聞きとれるか。居場所が問うものは、大きくて、深い。

6　「地域づくり」としての貧困対策　たらいの穴をふさぐには

上から見てもわからない

たらいに水が溜まらない。どこかから漏れているらしい。さて、どうするか。

下から見ればいい。

たらいの上から目を凝らしても、漏れている箇所は見つからない。たらいの下から見れば、どこから漏れているか、一発でわかる。貧困対策と地域づくりの関係は、ここに示されている。

ふつうにしていれば大丈夫。じゃあふつうじゃなくなったら?

私たちの多くは、なんとか暮らしている。なんとか暮らせていると、なかなか世の中の穴には気づかない。「ふつうにしていればなんとかなるはずなのに、どうしてなんともならない人間が生まれるのか」と不思議に感じてしまう。「何も問題はないはずなのに」と。

しかし、いったん歯車が狂い始めると、「何も問題はない」どころか、「問題だらけ」であることに気づいたりする。それは、自分がトラブルに見舞われた場合にかぎらない。家族の誰かが病気をする、高齢の親がケガをする、認知症になる、子どもが保育園に入れない、障害や難病を抱えて生まれた、大学受験や就職に失敗したことがきっかけでひきこもってしまった、等々が起こると、「ふつうにしていればなんとかなるはず」とついこの前まで感じていた自分が、突然遠い存在に感じられる。

トップエグゼクティブから困窮者まで

一度、年収数千万はあるだろう外資系投資会社の幹部から、しみじみと言われたことがある。

「五〇代までバリバリやってきて、それなりの自負を持っていた。自分は『できる』と。ところが数年前に、母親の認知症と、妻の病気と、子どもの受験が重なった。そのとき、いかに自分の自負がもろいものだったかを思い知らされた。それまでやってきたことなんて『練習』にすぎなかったんじゃないかとさえ感じた」と。

また、生活に困窮した人からは、繰り返しこんなことを聞かされてきた。

「去年の今ごろは、テレビで『年越し派遣村』とか見ながら、大変な人がいるもんだな〜と思ってた。まさか自分が厄介になるなんて、想像もしなかった」と。

たらいを共有してしまっている以上は

たらいの穴から落ちるまでは、まさか自分が落ちるなどと思わず、穴にさえも気づかない。穴から落ちて初めて、穴があったことに気づく。一生、落ちない人もいる。その人は幸せだ。他方、「まさか」ということになる人もたくさんいる。

だから、穴に落ちた人は貴重だ。穴のありかを教えてくれるから。別にえらいわけではない。うまく説明してくれるとも限らない。しかしその存在が、私たちに穴のありかを教えてくれる。

そして、穴がわかり、穴がふさがれば、今後そこから落ちる人がいなくなる。それは、単なる「弱者救済」を超えて、たらいを共有するすべての人の利益となる。だからそれは、自分たちの負担において誰かを助けるという話ではない。そうではなく、自分たち自身が助かるために必要なことだ。水も漏らさぬ地域づくり、社会づくりができれば、私たちはどれだけ安心して暮らせることだろう。きっと、いくら貯金しても足りないと感じる不安や焦りからも解放されて、消費も伸びることだろう。

街中の段差とウォシュレット

具体的に考えてみよう。

バリアフリーのまちづくりがあたりまえになっているが、私たちは多少の段差には気づかない。それはたらいの上から見ているからだ。わずか五センチでも「ここさえなんとかなれば、だいぶ違う」とわかるのは、車イスを利用している人だろう。

限られた予算の中でバリアフリー化の優先順位をつけたければ、車イス利用の人に聞くのがいい。そして一か所でも段差がなくなれば（穴がふさがれば）、街はそれだけ歩きやすくなる。その恩恵は、いずれ高齢者になる私たち自身も享受するだろう。住みやすい地域づくりとは、そのようにして進められる。

TOTO株式会社のウォシュレットは、もともと医療用機器だった。思うように動けない人がそれでも自分でトイレを済ませられる、その必要（ニーズ）が生み出した発明だ。「ふつう」の人たちは、ウォシュレット登場前、何の不便も感じていなかったはずだ。少なくとも私はそうだった。そういう人たちだけの世界だったら、ウォシュレットは発明されていない。不便を感じる人、その穴をふさげないかと考える人がいて、ウォシュレットは生まれ、現在、私たちの暮らしに欠かせないものとなっている。

「必要は発明の母である」という言葉がある。

しかし私たちは多くの場合、自分たちの将来に向けた必要性までは自覚できない。想像力で補えばいいとも言われるが、なかなかできることではない。だから、教えてもらう。「そこから何が見えますか」「下から見ると、たらいのどこに穴が開いていますか」と。

「ないものねだりより、あるものさがし」

日本の地域づくりは、長らく公共事業と企業誘致に頼ってきた。それらはいわば「地域づくりの東西両横綱」で、今でも地域活性化と聞けば、この両者を思い浮かべる人が多いと思う。しかし、深刻な財政難で公共事業費は削減され、グローバル化の進展の中、国内の工場も減少した。両横綱に、もうかつての力はない。それに代わって台頭してきているのが、一次産業の六次産業化、観光、再生可能エネルギーなどによる地域活性化だ。いまだ平幕で横綱を脅かすには至っていないが、若手の注目株だ。

両者は、地域にどのような視線を向けるかという点で、対照的だ。

前者（公共事業と企業誘致）は、外から来るもので、地元に「ない」ことが強調される。後者の三つは、地元に「ある」ものを再認識・再発見・再活用しようという問題意識に基づく。「地元学」を提唱する結城登美雄《ゆうきとみお》氏は、それを「ないものねだりより、あるものさがし」と表現してきた。

「人」と「活用」と「活躍」

「人」に対しても、どちらの視点を向けるかで、見え方は違ってくる。

前者の視点からは、人の問題は「地元にいない人を、いかに外から連れてくるか」という話になる。地域経営のための優秀なコンサルタント・学者・中央省庁の官僚から、人口減対策としての若者・子連れの夫婦・学生などなどだ。後者の視点からは「今、地元で十分に活躍できていない人たちに、いかに活躍してもらうか」という問題になる。

バリバリ働いて稼ぐことだけが「活躍」ではない。もっと多様な「活用」の仕方があっていい。

「活用」の発想が貧しく単線的だと、「活躍」できない人が大量に生まれる。

「活用」の発想が多様で複線的だと、「活躍」できる人も増える。「活用」したい人たちと「活躍」したい人たちが、Ｗｉｎ‐Ｗｉｎの関係になることが望ましい。地域づくりとしての貧困対策という視点は、「活用」の幅を広げることを通じて「活躍」の幅を広げていこうという発想に基づいている。

子どもの貧困対策も同じ

子どもの貧困対策も同じだ。この問題は「かわいそうだから、なんとかしてあげる」というだけの話ではない。

子どもが課題を抱えているということは、その家族・地域・社会に何かしら課題がある。子どもたちは、たとえ言葉にすることがなくても、それを体現している。彼ら彼女らには、たらいの穴が見えている。その課題に対処することが、強い地域をつくる。

たとえば、滋賀県近江八幡市で「むさっ子食堂」を運営する石田幸代さんは、目指すのは『こんにちは』だけで終わらない地域づくり」だと言う。

地域の縁が薄くなってきたと言われている。ご近所の人とスーパーなどで出会えば「こんにちは」くらいは言うが、その後の言葉が続かない。地域のいろんな人たちが、こども食堂で顔を合わせ、一緒に作業していれば「あれ、どうしますか？」とか「あの子、どうなったかね？」とか、「その次」の言葉が出てくる。地域の縁を強くする、その役割を「むさっ子食堂」は担いたいと言う。

大人たちに「言い訳」を用意してあげる

地域の縁が薄くなって、家庭をフォローする地域の機能が弱くなった。その結果、単に貧乏なだけではない孤立した子どもたちが増えた（貧困と貧乏は違う。貧困とは貧乏＋孤立だ）。子どもたちは「地域の機能が弱まっている」という「たらいの穴」を体現している。

その子どもたちに、地域をつむいでもらう。

大人たちは「子どもたちのために」と言うが、逆から見れば、子どもたちに一役買ってもらうことで「『こんにちは』だけで終わらない地域づくり」を実現しようとしている。それが、地域の網の目を細かくし、漏れる子どもを減らすことにつながるから。そして「子どもたちのために」という大義名分がなければ、大人たちは動かないだろう（大人たちが動くためには「言い訳」が必要だったりする）。このとき、子どもたちは「活用」されつつ「活躍」している。

誰のため、何のために？　みんなのため、地域づくりのために。

同情を超えて

では、子どもたちは地域づくりのダシにされているのか。違う。

子どもたちも、その場から利益を得る（食事だけでなく、さまざまな大人との関わり「体験」など）。「子どもたちのために」と大人が犠牲になる「貧困対策」ではなく、大人が子どもたちをダシにする「地域づくり」でもない。だから「地域づくりとしての貧困対策」と言う。

同情を超えて「地域づくり」の観点からもこの課題を考えるというのは、そういうことではないかと思う。

第二章　あきらめない人たち

――「こども食堂」と「無料塾」

7　名づけ親が言う「こども食堂」は「こどもの食堂」ではない

とっつきやすさが売り

こども食堂が急増している。朝日新聞（一六年七月一日）によれば、全国で三〇〇か所以上が確認されている。しかも、うち二八五か所はこの二年間の開設だというから、ちょっとしたブームと言ってよいだろう。

こども食堂のメリットは、なんといってもその「とっつきやすさ」にある。広がり続ける子どもの貧困に心を痛めている人は多い。「親の責任だ」と非難していれば子どもたちの状況が改善する、というわけでもない。少子化が進む中での貧困率増加は、日本の将来像にも影を落とす。教育は大事だが、勉強を教えられる自信はない。何かできないかと思うが、何をすればいいのかわからない。――そう思い悩む人たちに、こども食堂は格好のツールを提供した。「これならできるかも！」

絶妙のネーミング

同時に忘れてならないのが「こども食堂」というネーミング。「こども」「食」という〝必殺アイテム〟を並べたこの簡潔なネーミングが、誰のために何をするかをこれ以上ない形で明確に表す。こども食堂の広がりは、このネーミングを抜きには語れない。

その名づけ親が、近藤博子《こんどうひろこ》さんだ。「気まぐれ八百屋だんだん店主」の肩書をもつ、東京都大田区《おおた》にある小さな八百屋さんだ。彼女が「こども食堂」の呼び名を使い始めたのが二〇一二年。それ以前にも同様の取り組みはあったが、こども食堂という言葉は、ここから生まれた。

その近藤さんが今、「こども食堂」ブームを歓迎しつつ、懸念も示す。それは「こども食堂は、こどもの食堂ではない」ということ。どういうことか。東急池上《いけがみ》線・蓮沼《はすぬま》駅にほど近い「だんだん」を訪ね、話を聞いた。

貧困家庭の子ばかり集めるところ？

近藤さんがもっとも懸念するのは「こども食堂というと、貧困家庭の子どもたちを集めて食事をさせるところと思われてしまう」こと。それが、広がりを生む半面で、反発も生んでしまった。いわく「貧困家庭の子ばかり集めるなんて、子どもがかわいそうじゃないか」

「子どもの貧困は親の責任。他人が介入すべきではない」

違う、そうじゃない。もともとその定義が誤解を含んでいると近藤さんは言う。近藤さんの定義はこうだ。「こども食堂とは、子どもが一人でも安心して来られる無料または低額の食堂」。それだけ。「子ども」に貧困家庭という限定はついていない。「子どもだけ」とも言っていない。

大事なことは、子どもが一人ぼっちで食事しなければならない孤食を防ぎ、さまざまな人たちの多様な価値観に触れながら「だんらん」を提供することだ。だから、一人暮らし高齢者の食事会に子どもが来られるようになれば、それも「こども食堂」だ。子どものための、子ども専用食堂ではない。

"場"としてのこども食堂

「むしろ、より積極的に、多世代交流型になることが望ましい」と近藤さんは言う。孤食をわびしく感じるのは、子どもだけではない。若者もお年寄りも、仕事で疲れて食事をつくる元気の出ない母親や父親も「今日はちょっと食べに行こうかな」と寄れればいい。そして、子どもは食事後に遊んでもらったり、ちょっと勉強を見てもらったり、親は人生の先輩たちから子育てのアドバイスを受けたり、地域の子育て情報を交換したり、お年寄りは、子どもと遊んであげることを通じて子どもに遊んでもらえばいい。そこに障害のある子どもや大人がいてもいいし、外国籍の子どもや大人がいてもいい。より多くの人たちが「自分の居場所」と感じられるようになることが理想だ、と。

おそらくそれは、壁やドアで仕切られた特定の空間である必然性もないだろう。バイク屋の前で、店主がバイクの手入れをしていると、ワルガキどもが寄ってくる。元気か？　どうしてる？　学校行ってるのか？　と立ち話する中で、いつの間にか進学相談やアルバイト相談や恋愛相談になっている。そんな〝場〟。家の前の掃きそうじをしていると、近所の人が通りかかって話し込むことになり、そこに下校途中の子どもたちが寄ってきて、そのお母さんたちも合流して、子どもたちが遊ぶ中で大人たちが立ち話しているような、そんな〝場〟。人々が交差するときに、ただすれ違うだけでなく、ちょっと留《とど》まることによって生まれる〝場〟が、近藤さんのイメージだ。

「だんだん」の軌跡

そのことは、近藤さんと「だんだん」の軌跡によく表れている。

もともと歯科衛生士だった近藤さんは、歯の健康を通じて「食べる」ことに関心を持っていた。そこで、つながりのある農家などから食材を調達して週末だけ配達する小さな宅配事業を始めた。あるとき店頭で仕分けているると、ダイコンの立派な葉ぶりを見たあるおばあさんから「分けてほしい」「平日もやってくれないか」と頼まれ、ニーズがあるならと店舗での販売も始めた。常時開くわけではない。それで「気まぐれ八百屋」。

あるとき、自分の高校生の娘が「数学がわからない」と言い出した。知り合いの教師OBに相談したところ、その人が夏休みの間、勉強をみてくれると言った。ありがたい話だ。自分の娘だけではもったいないと、知り合いの子どもたちにも声をかけて、低額の補習塾を開くことにした。それが「ワンコイン寺子屋」。この話には、結局自分の娘は来なかったというオチがつく。

「ワンコイン寺子屋」が新聞に取り上げられたところ、教育経験者を含めた多くのボランティアの申し出があった。そこでワンコインとは別に、子どもたちが宿題を持ってきて、ボランティアに無料で見てもらう場を開くことにした。下校途中にちょっと立ち寄ってアドバイスをもらって帰るイメージ。それで「みちくさ寺子屋」。

「だんだん」の日常は、そうやって生まれた数々の「プチ企画」で満ちている。

あるとき、知り合いの小学校長から「給食以外は、毎日バナナ一本だけで過ごしている子どもがいる」という話を聞く。何かできないかと考えているうちに一年半が経ち、その子は児童養護施設に入所してしまった。その子に何もできなかったと思う中で、他にもいるはずのそうした子どもたちが安心して来られる食堂を開こうと思い立つ。

ファミレスでも、子ども一人ではなかなか入りづらい。考えてみると、地域の中にも子どもが一人でも行ける場所は、案外少ない。家庭と学校がその〝場〟にならない子どもは、世の中に居場所を見《み》出《いだ》しにくい。「ウチは子どもが来ても『お父さん、お母さんと一緒じゃないの？　どうしたの？』とは聞かないよ。あなたが一人で来てもいい場所なんだよ」。それで「こども食堂」。

「だんだん」のお品書きは
多様なプログラムだ

すべてが、一つの会話から見えてきた一つのニーズから出発している。道端で立ち話しているうちに何かを思いついた、というように。そしていつも、利用する本人たちに向けて「この場はあなたが来ていい、あなたを歓迎する場なんだよ」という名前をつけている。「こども食堂」という名前には、こうした経緯と思いが盛り込まれている。

単に昔の地域コミュニティをなつかしむのではない。昔には戻れない現在という地点において、未来へ向けて新たな〝場〟を創り出していこうという試みだ。「一ミリでも進める」とはそういうことだろう。

「だんだん」のある日のメニュー

多様で、雑多で、豊かな「こども食堂」

それは、「こども食堂」と聞いて、人々がふつうにイメージするものとは違うかもしれない。しかし、名づけ親が、そのような〝場〟のイメージをもって「こども食堂」という言葉を使い始めたことは、覚えておいていい。

というのも「こども食堂」が急速に広まり、普及する中で、どうしても先駆者が込めた思いは薄められていってしまうから。そしてヘタをすると「どこか適当にマンションの一室でも借りて、子どもを集めて食事させれば補助金が出るんでしょ？」みたいな勘違いを生み出していくから。そしてそのような勘違いが「こども食堂って、子どもをダシにして、自らの食い扶持《ぶち》を確保しようとするうさんくさい人たちがやってるんでしょ」といった無用の偏見と反発を生み出していくから。万が一そうなってしまったら、当の子どもたちに申し訳が立たないから。

「こども食堂」というネーミングがなければ、こども食堂がここまで広がることはなかっただろう。「みんなの家」では、何をする場所か、イメージがわきにくい。しかし「こども食堂」は「こどもの食堂」ではない。もっと多様で、雑多で、豊かなものだ。「こども食堂」の取り組みを盛り立て、広げつつ、その理念も失わずにいたい。

8　「こども食堂」とは何か？

急な広がりと、疑問・戸惑い

こども食堂が急速に広がっている。同時に、こども食堂に対する疑問や戸惑いを聞く機会も増えた。「こども食堂とは何なのか？」「子どもの貧困対策なのか？」「大人は行っていいのか？」「誰のため、何のためにやるものなのか？」「目指すところはどこなのか？」などなどだ。

明確な定義も枠組みもないまま、その敷居の低さ、とっつきやすさから「何かしたい！」という自分の気持ちを表すための一つの手法・ツールとして広がっているこども食堂。同時に、何がこども食堂かをめぐっては混乱も見え、多くの疑問や戸惑いを生んでもいる。人々の自発的な取り組みを歓迎しつつ、混乱がその広がりに水を差すことがないように「転ばぬ先の杖《つえ》」として、論点整理を試み、今後の展望を開く。

理念型でタイプ分け

実はこども食堂は多様だ。そのため「こども食堂って、どうかと思うんですよね」と誰かが言うときには、まずその人が何をこども食堂と思っているかを聞かなくては議論がかみ合わない。そこで、まずは極端化、単純化は承知の上で、理念型を整理したい。

軸は二つだ。ヨコ軸は、ターゲット（対象者）。貧困家庭の子どもに絞り込むかどうか。タテ軸は、目的。課題を抱える子どもに対するケア（ケースワーク）にあるのか、地域づくりにあるのか。

もちろん「課題を抱える子のケアを通じた地域づくりが目的だ」という人はいる。次の図は、とりあえずこども食堂を「課題を発見する場」と「交流の場」、どちらにより重きを置いてイメージするか、という理念の違いを際立たせるための便宜的分類にすぎない。

メインはB型とD型

現実のこども食堂、そして運営している人たちが目指しているこども食堂を考えると、おそらく大多数のこども食堂は、B型かD型に属する。

図8-1 こども食堂の類型（理念型）

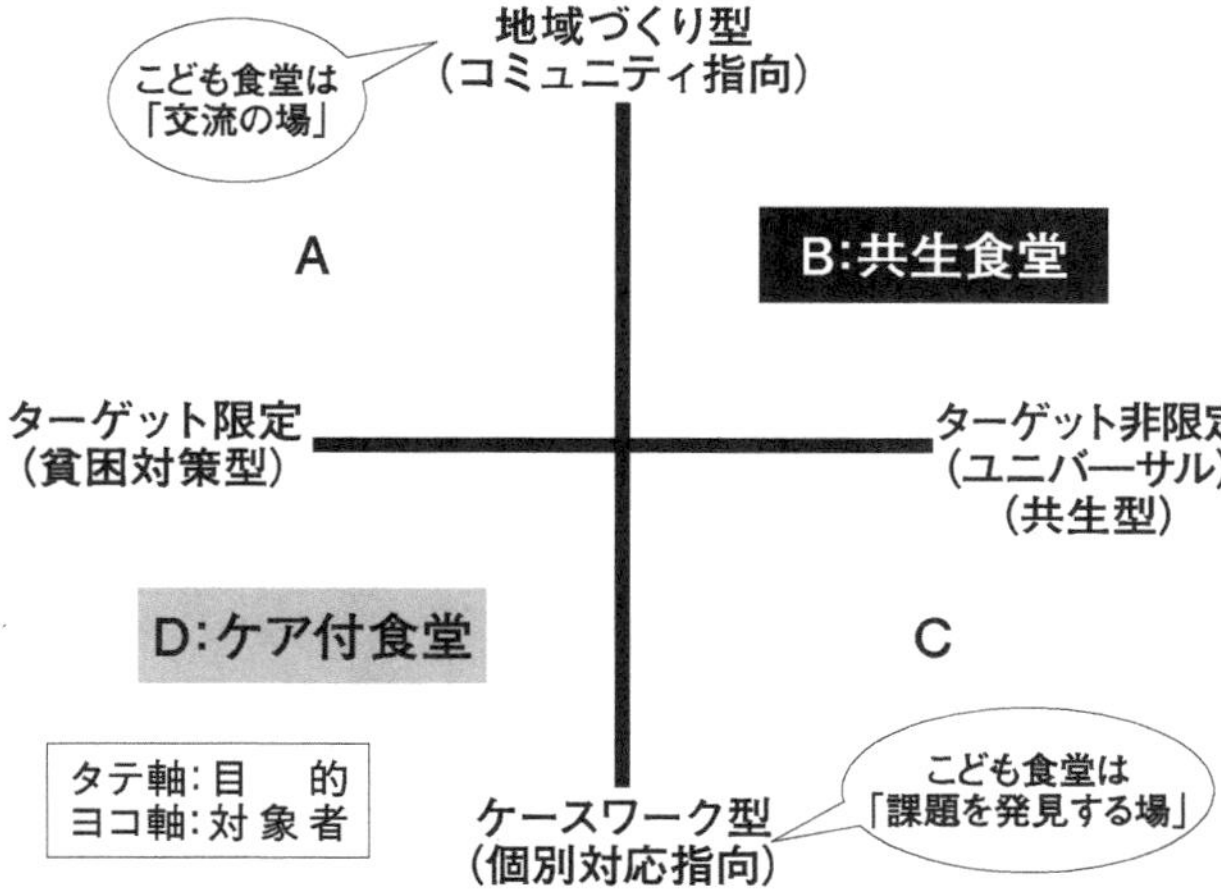

B型：プレイパークの食堂版

貧困家庭の子たちだけを相手にするわけではない。そうでない子どもたちも、そしてまた大人たちにも、来てほしい。多くの人たちがごっちゃに交わる交流拠点のイメージ。みんなでわいわいやりながら、食卓を囲み、思い思いに過ごす、寄り合い所のイメージ。地域の子どもや大人が誰でも参加できるプレイパーク（子ども広場）の食堂版と考えるといい。さしあたり、B型を「共生食堂」と呼ぶ。

D型：貧困家庭の子を対象に、課題発見と対応（ケア、ケースワーク）に軸足を置く

もう一つの典型例がD型だ。たとえば貧困家庭の子に学習支援を行う無料塾がある。行政や学校の紹介で子どもたちが通い、教師経験者や大学生など一定のノウハウを持つ者が対応する。それの食堂版とイメージすると、わかりやすい。

無料塾が学習面での相対的落ち込み（格差）を挽回《ばんかい》するために行われるように、D型は食事面・栄養面での相対的落ち込みを挽回するために開かれる。そして、一緒に食卓を囲むことを通じてつくられた信頼関係を基礎に、家族のこと、学校のこと、進路のことといった子どもの生活課題への対応（課題解決）を目指す。さしあたり、D型を「ケア付食堂」と呼ぶ。

C型とA型は、派生形およびレアケースなので、ここでは割愛する。*注 話をなるべくシンプルにするために、これからは「共生食堂」と「ケア付食堂」の二タイプに理念型を代表させて、話を進める。

どうしてこうなったのか

両者はいろんな点で対照的だ。その違いは、対象者と目的だけでなく、運営方法や運営上の着眼点、望ましい担い手（スタッフ・ボランティア）像の違いにも及んでいく。たとえば共生食堂であれば、地域住民を含めた多様な大人の参加が歓迎されるが、ケア付食堂の場合は、それ以上に子どものプライバシー保護が優先され、子どもの心理に通じた福祉的な素養のある人が歓迎される、というように。

前節で取り上げたように「こども食堂」の名づけ親は、気まぐれ八百屋「だんだん」の店主・近藤博子さんだ。「だんだん」とは、島根の方言で「ありがとう」の意。近藤さんが目指していたのは、「ありがとう」を言い合えるコミュニティづくり。島根県産の健康的な野菜を取り扱いながら、店舗の一角を地域交流拠点としてさまざまなプログラムを増やしてきた。

「だんだん」で生まれた各種のプログラムは、すべて一人のニーズ、一人のアイディアから出発したもので、それを個人レベルで完結させるのではなく、地域の関係者を巻き込みながらプログラムにしていくのが近藤流だ。

したがって、こども食堂も「だんだん」にとっては数あるプログラムの一つにすぎず、当然に共生食堂を前提にしたものだった。「だんだん」のこども食堂のモットーは「孤食を防ぐ」。そこに大人も子どももない。ただ、子どもには家庭と学校以外の居場所が少なく、特に「ここに来てもいいんだよ」と呼びかける必要がある。そこで「こども食堂」と命名する。そんな経緯だ。

ところが、幸か不幸か、近藤さんが「こども食堂」の看板を掲げた翌年の二〇一三年、子どもの貧困対策推進法が成立した。その後、子どもの貧困に対する社会的注目の高まりの中で、こども食堂は、学習支援（無料塾）と並ぶ子どもの貧困対策の主要メニューとなっていく。その中で、ケア付食堂も増えていった。結果的に、性質の異なるものが「こども食堂」という名称の下に同居する形になった。

ただし、それは必ずしも悪いことではない。共生食堂とケア付食堂という二つの中心を包み込む楕円《だえん》だったからこそ、こども食堂はさまざまな考え、指向性をもつ人々の思いを受け止める存在になりえた。だから広がった。同時に、社会的には、こども食堂はある意味では過度に子どもの貧困問題と結びついていった。だから違和感も広がった。

その違和感は、こども食堂を共生食堂としてイメージする人たちに特に強い。「こども食堂という名称がよくない」という言葉をよく聞く。そこには「こども食堂は子どもの貧困対策であり、ケア付食堂のイメージが強いが、自分が必要だと思うのは共生食堂だ」という含意がある。社会的にそのイメージが強いのは、その通りだ。他方、近藤さんなら言うだろう。「こども食堂は、もともと共生食堂なんですけど」と。

〝ねじれ〟は、こうして生まれた。

こども食堂と名乗らないものもある

加えて、世の中には子どもの貧困問題が注目される前から、またこども食堂という言葉が生まれる前から、同様の活動をしてきた人たちがいる。その活動には共生食堂もケア付食堂もあるが、いずれもこども食堂とは名乗っていない。

したがって世の中には、こども食堂と名乗る共生食堂とケア付食堂、こども食堂と名乗らない共生食堂とケア付食堂の四パターンが存在している。名称と機能を分けて考えないと、混乱は避けられない。

行政の方たちも、ぜひ気をつけてもらいたい。最近では、こども食堂に補助金をつける自治体が増えてきている。結構なことだが、名称と機能を区別しながら「自治体として何を応援したいのか」を明確にしないと、意図せずして混乱に拍車をかける可能性もある。さしあたりは「こども食堂（共生型）」「こども食堂（個別サポート型）」など、名称と機能を併記して対応されることが必要ではないか。

目線を合わせ、原点に戻る

しかしこの〝ねじれ〟は、誰かがどこかでこども食堂の理念をねじ曲げたといった問題ではない。誰かに悪気があるという話ではない。

急速な広がりと、疑問・戸惑い・違和感は、切っても切れない、背中合わせの現象だ。だから、何かを「そんなのはこども食堂ではない」と言って否定することで事態の収拾を図ろうとすべきではない。たしかに混乱は収束するだろうが、それではこども食堂の豊かさも失われてしまう。本末転倒だ。目線を合わせ、原点に戻ることで、おのずと展望は開けてくる。

ここまで、共生食堂とケア付食堂という二つの理念型をあえて対比させる形で、両者の違いを際立たせる形で議論を進めてきた。混乱しているものを整理するためには、一度明確に分離したほうがわかりやすいからだ。

しかし、現実のこども食堂は両者の機能を幾分かずつでも併せ持っている。「ケアなどどうでもいい」という共生食堂もなければ、「共生など必要ない」というケア付食堂もない。重点の置き方が異なるだけだ。

そして双方にメリットとデメリットがある。だとしたら、両者がお互いを補いあえばいい。

原点は、子どもの利益だから。

補いあうレベルは、さまざまにある。一つの団体が両者の機能をともに十全に併せ持つことは難しいだろう。運営方法一つとってみても、オープンとクローズドという性格の違いがある以上、完全な両立は難しい。

しかし、折衷的な性格のこども食堂はあっていい。また、一つの地域の中で棲《す》み分けや連携は可能だろう。子どもの生活は毎日ある。子どもによっては毎日がサバイバルのはずだ。他方、毎日やっているこども食堂はまれだ。だとしたら、相互に紹介しあえばいい。要は、子どもを支える地域の機能が整っていけばいいのだから、共生食堂、ケア付食堂の機能が充

図8-2 2つの食堂のメリット比較

ケア付食堂	共生食堂
○専門家が一人ひとりの子どもを丁寧に見られる。 ○子どもと一対一のより深い信頼関係を築ける。 ○子どもおよびその家庭の課題解決につながりやすい。 ○他の相談機関等との連携がしやすい。 ○うかつに子どもを傷つける大人によるトラブルなどが起こりにくい。 ○総じて、狭く濃く。	●多様な大人・子どもとの交流を通じた多様な価値観の提供ができる。 ●地域づくりにつながる。 ●地域の人々の理解を得やすい。 ●スティグマ（恥の意識）がつきにくい。 ●地域の多様な人たちの気づきのアンテナが高まる。 ●総じて、薄く広く。

↓ ↓

一方のメリットが他方のデメリット

足されているか、で考える。こども食堂という名称がついているかどうかは、副次的な問題だ。

強みを生かす

子どもの貧困対策だけに目を向ける必要もない。

すでに多くの人が気づいているように、子どもの貧困問題を子どもの貧困対策だけで解決することは不可能だ。子育て支援系、高齢者支援系、障害者支援系なども広く視野に収めれば、思わぬところに活用できる資源が見つかるかもしれない。

福祉系だけに限定する必要すらない。商工観光系、農林水産系の人たちだって、気持ちはある。コトは子どもと食に関わっている。

これほど普遍的で「強い」テーマはない。強みに目を向ければ、より大きな視野で地域を捉《とら》える視点と、その自信も生まれてくるだろう。

校区や地域全体を俯瞰《ふかん》しながら、どんな機能が足りないのかを考え、足りないものを戦略的に補っていくこと。重要なのは地域をデザインする視点だ。このような視点をもった人材がこども食堂に関わっていけば、共生食堂とケア付食堂はともに地域に欠かせないソフトインフラとして、地域の活性化と発展に寄与する存在となるだろう。

こども食堂をめぐる〝ねじれ〟は、両足が交差しているようなものだ。そのままで前に進もうとすれば、倒れてしまう。しかし、両者の交差をといた上でお互いが補いあえば、しっかりと前に進むことができる。息長く展開していくことが求められる取り組みだからこそ、ボタンの掛け違えは、早い段階で修正しておきたい。

注　A型とC型は、実際にはあまりない形態だ。C型は、D型の派生形として現れることが多い。「貧困家庭の子だけと言うと、貧困家庭の子が来づらくなるので、どなたでもどうぞと言っている。でも本当に来てほしいのは貧困家庭の子」というような場合だ。本当にやりたいのはD型なのだが、戦術的にC型をとっている。A型は、こども食堂としてはさらにレアだろう。フードバンクが貧困家庭の子に食料支援を行うために、家庭の食材を持ち寄ってもらうフードドライブを行ったり、イベントを行ったりして、地域全体の雰囲気を高めるというような場合が考えられるが、こども食堂を名乗るケースは少ない。したがって、本書ではこども食堂の機能を共生食堂とケア付食堂に代表させることにした。

9　あの港区にこども食堂
一人勝ち・東京の巨大な格差

セレブの住む街・港区

「セレブの住む街」――東京都港《みなと》区にはそんなフレーズがついて回る。

六本木《ろっぽんぎ》に赤坂《あかさか》、白金《しろかね》、青山《あおやま》、台場《だいば》に麻布《あざぶ》と、きらびやかなイメージをもつ地区が集まり、六本木ヒルズに東京ミッドタウン、虎ノ門《とらのもん》ヒルズにアークヒルズに汐留《しおどめ》ビル群など、大都会を象徴する建造物も多い。大使館の約半数が集まり、赤坂御用地《ごようち》など皇族との縁も深く、青山霊園や増上寺《ぞうじょうじ》には多くの歴史上の人物が眠っている。民放キー局五社の本社が集まり、情報の発信地でもある。土地の坪単価は平均で一〇〇〇万円超、一ＬＤＫでも賃料五〇万円以上の物件がごろごろある。当然、住人たちも資力のある人が多い。企業経営者やタレントなども多く、住民の平均所得は一〇二三万円（二〇一五年）で全国トップ。スーパーの駐車場に高級外車が停めてあるような地域だ。

港区のもう一つの顔

一方、もっとも裕福な「一人勝ち」東京都は、格差の大きな自治体でもあるという「もう一つの顔」があり、港区も例外ではない。低所得の公立小中学生に支給される就学援助の受給率（二〇一四年度）は、全国平均一五・四%に比べて、港区は小学校一五・九五%、中学校三〇・六四%にのぼる*注（東京二三区の平均は二二・三%、二〇一三年）。

金持ちの代表格のように言われる街でも、どこから見るかで景色がまったく変わってしまうことは、港区に限らない。その「港区のもう一つの顔」を垣間見《かいまみ》させてくれるのが「みなと子ども食堂」だ。

広尾《ひろお》駅。渋谷《しぶや》と六本木の間にあるこの駅を降りて一〇分弱歩いた高台、有栖川《ありすがわ》記念公園の隣にある公共スペース。二〇一七年三月、そこで「みなと子ども食堂」が開催された。

メニューは、ピラフに鳥のからあげ、サラダに野菜スープ、そしてデザートのケーキ。一食で子ども一〇〇円、大人三〇〇円の材料費を頂戴《ちょうだい》している（未就学児と保護者の場合も三〇〇円）。今回は、親子で二〇名ほどの予約が入っていた。

こども食堂＝貧困対策というイメージを払しょくしたい

どんな人が食べにくるのか。

「どんな子でも、どんな方でも、いらっしゃってくださいと言っています。子育て中の方はどなたでも応援しています」とNPO法人「みなと子ども食堂」広報担当の愛敬《あいけい》真喜子《まきこ》さん。「こども食堂とは名づけていますけど、こども食堂＝貧困というイメージは払しょくしたいんです」「貧困というイメージがついてしまったら、この地域でこども食堂はやっていけません。実際、来られる方たちも大半は困窮家庭ではありません」

ある日のみなと子ども食堂のメニュー

　強調するのは、孤食防止とコミュニケーションだ。

「それなりにお金があっても、夕食は母子二人という家庭は少なくありません。ぐずったり、こぼしたりして、夕食時はお母さんが子どもについキツくあたってしまう時間帯でもある。だからみんなで一緒に食べよう、と。ここは、こぼし放題。みんな『いいよ、いいよ』と、

『ママもゆっくりしてってね』と。そんな場所が必要なんです」

この地域独自の事情もあるようだ。

「港区は、私立の進学率がとても高く、半分を超えています。お子さんが私立に行くということは、親に地域性がなくなるということでもあります。子どもがいても、地域につながりがない。ママ友がいなくて夫も帰ってこなければ、話をする相手がいない。だからここは、お母さんたちのコミュニケーションの場でもあるんです。実際、子どもが有名私立小に通っている親が、タクシー飛ばして食べに来たこともありました。さすがにタクシー使って食べに来るこども食堂というのは、ここだけじゃないでしょうか（笑）」「年収が六〇〇～七〇〇万円ある世帯にも、孤食やコミュニケーションの課題のある人たちがいます。こども食堂を必要としている人は、生活に困窮している家庭だけというわけじゃないんです」

低所得家庭は孤立する傾向も強い

来る人たちの中には、実際に困っている家庭も複数いるが、愛敬さんたちは詮索《せんさく》しない。

「この地域のお金持ちはケタ違い。上には上がいて、年収六〇〇万円とかだと、まだ下の方。格差が大きく、暮らしぶりを話題にし始めると関係が難しくなります。大都会は隣人の顔も知らないとよく言われますが、学校とか友だち同士のしがらみは、なかなか強いんですよ」

あからさまに話すことはないものの、それでも低所得の親が孤立する傾向が強いのは、港区の調査からも明らかになっている。児童育成手当（東京都制度）を受給しているひとり親家庭の保護者などに実施したアンケート調査の結果は、以下のとおりだ。子どものことで困ったときに相談する人が「誰もいない」親は一〇・一％。子どもを預けたりするような相手が「いない」親は五九・一％。子どもに対し、「イライラする」ことが「しばしばある」親は二八・九％（出典：港区子どもの未来応援施策基礎調査報告書（概要版））。だから、すべての親子に開かれた運営の中で、一人でも二人でも、それで助かってくれる親子がいてくれれば、とも願う。

友だちと一緒に食べるだけで、
テンションがあがる
（みなと子ども食堂提供）

代表理事の思い

代表理事の宮口髙枝《みやぐちたかえ》さんも、その思いは人一倍強い。宮口さんの最初の記憶は、水たまりに映る自分の顔だった。「三歳のとき、父親が病死したときだと思うんですね。父親の亡骸《なきがら》を埋める墓穴があって——当時、私の故郷はまだ土葬だったんです——、その墓穴の底に水たまりがあって、そこに私の顔が映ってる。たぶん、姉か誰かにおぶってもらってたと思うんです。高いところから、水たまりに映る自分の顔を見下ろしていました」。もう一つ忘れられないのが、その晩の母親の姿だ。「母が囲炉裏に薪を、こう、一つくべては『どうしよう』、また一つくべては『どうしよう』と言っていました」――その母親のしぐさを忠実に再現しながら、宮口さんが語る。

父親を亡くした宮口さん宅の暮らしは厳しかった。母親と食べ盛りの五人姉妹が肩を寄せ合って暮らし、一時期は生活保護を受けたこともあった。その後、宮口さんは働きながら看護師の資格を取り、港区で働き始めた。ひとり親家庭、とりわけ母子家庭がどれだけ大変か、宮口さんは骨身にしみて感じている。だから、看護師として働く傍ら、長く港区で男女平等参画の活動に関わってきた。そして、その仲間の一人から持ちかけられたのが「みなと子ども食堂」の開設・運営だった。

若い子育て世帯の多い地域でも開催したい

今、宮口さんたちは、港南《こうなん》地区での「みなと子ども食堂」の開設を模索している。「あそこは若い子育て世帯が多いから、きっと必要としている家庭も少なくないはず。でもこの麻布地区までは距離があるから、できれば港南地区でも開催したい」

しかし、全員ボランティアの団体に、毎回炊事道具を持ち込んで、毎回撤収するほどの体力はない。炊事用具を恒常的に保管できる場所が見つからないと、港南地区での開設は難しい。宮口さんたちは、その場所を探し続けている。

セレブの住む街・港区にも生活の厳しい人たちはおり、また、それほど生活の苦しくない人たちの中にも、孤立やコミュニケーションなどの課題はある。過度の絞り込み（ターゲティング）をすることなく、規模は小さくても複数の課題に対応できる――「みなと子ども食堂」はそんなこども食堂のもつメリットを体現している。

注　就学援助は自治体によって基準額の設定が異なり、また、周知や手続きの方法によっても差が出る。そのため、受給率の違いが所得の違いを正確に反映しているとは限らない。

10　マンツーマン指導は「教えやすいから」だけではない

入試の季節に

一七年二月某日、夜六時。埼玉県川口《かわぐち》市内の公民館。

二〇人ほどの子どもたちと、ほぼ同数の大人たちが集まり、ノートにペンを走らせる。

「ここができれば工業高校はなんとかなる。この部分は、ずっと出題形式が変わっていない。今年もきっとこんな感じだ。とにかくここだな」。先生役の大人が過去問の一部分を指示する。大柄だが幼さの残るイガグリ頭の中学生が、指された範囲を真剣に見つめている。埼玉県立高校の入学試験まで、あと一週間。

そんな話をしている脇で、次々と子どもたちが教室に集まってくる。制服、私服、ジャージと服装はさまざまだ。「こんにちは」と入口でスタッフが声をかける。子どもたちは、知り合いの顔を見つけてもあいさつ程度で早々に席に着き、カバンからドリルやノートを取り出し始める。大人たちの誰かが寄っていき、そして勉強が始まる……。受験期には、全国のどこの塾でも同じような光景が繰り広げられるだろう。

ただここが違うのは、川口市が主催する無料の学習支援教室だということ。来ているのは、生活保護家庭の子や困窮世帯の子どもたちだ。教えているのは教員ＯＢの「学習指導員」や学生ボランティアたち。教室を運営しているのは、一般社団法人「彩の国子ども・若者支援ネットワーク　アスポート学習支援センター（以下アスポート）」*注一だ。

学習支援教室で追い込みを行う
子どもたちと教員OB・学生ボランティア

教室の周辺に広がる「見えない」領域

「おかげさまで、去年は教室に参加した中学三年生の高校進学率は一〇〇％でした」と、川口市の担当者。成果は出ている。しかし「教室」は山頂、いわば水面上に出た山の突端、氷山の一角にすぎない。その前後左右の水面下に、よく目を凝らさないと見えてこない広大な領域が広がっている。たとえば……。

○教室に来られない生徒たちのこと。家庭状況、本人の精神状態等が大変な子どもほど、教室にすら来られない。その子たちはどうするのか。

○そうした子どもたちは、いわば「机につく前」が大変なのではないか。いかに「勉強するための前提条件」を整えるか。

○中学からで十分なのか。子どもたちのつまずきは、小学校から始まっているのではないか。

○高校に入れたとして、その後の高校生活は？　高校から中退してしまえば、結局は「中卒」資格だけで世の中に出ることになる。

などなど。

全国で初めて、県として貧困家庭の学習支援を事業化し、その後も先駆的な取り組みを展開し続けている埼玉県のアスポート事業七年の歩みは、この水面下の広大な領域に手を伸ばし続けてきた歴史だ。

合格発表からが本番

「埼玉県立高校の学力検査（入試）は三月二日。発表は三月一〇日。一般的にはそこで終わり。でもわれわれの本当の仕事はそこから始まるんだよね」と代表理事の白鳥勲《しらとりいさお》さんは言う。すでに水面下の一端が現れる。

合格するのは、全日制高校七割、総合高校（単位制、定時制）二割。残り一割の子どもたちは二次募集、三次募集へと駆け込んでいく。白鳥さんには「一〇日からが本番」との思いがある。気落ちした生徒を励まし、腐りやすい気持ちをフォローし、電話をかけ、ときに迎えに行く。そうやってようやく生まれる数字が「一〇〇％」だ。来た子にただ勉強を教えれば済むという世界ではない。

「家庭訪問がなければ、引き受けていない」

それでも、埼玉県の生活保護・困窮世帯の高校進学率（二〇一五年度）は九八・三％。教室参加者は一〇〇％だが、教室に来ない子どもたちの中から未進学者が出ている。ここにも「見えにくい一端」がある。アスポートは、その子たちを訪問する。

「家庭訪問がなかったら、この事業を引き受けることはなかった。『校門の中』だけでやることの限界を痛感していたから、『校門の外』でも活動できることが決め手だった」と白鳥さんは強調する。

二〇一人中八一人が中退

二〇一〇年の事業開始当初から代表を務めてきた白鳥さんは、元高校教師。教師生活のほとんどを、定時制や、いわゆる教育困難校で過ごしてきた。学年主任も長く、多くの生徒たちの退学届を受理してきた。二〇一人中八一人が中退したこともあった。だから、訪問には特に力を入れる。「現在使っているエネルギーは、訪問四五％、教室四〇％、その他一五％だね」と白鳥さん。はじめは教室参加を呼びかける訪問がメインだったが、いつしか不登校やひきこもりの子どもたちへの、訪問による学習支援に多くの力を割くようになった。悩みを聞く、趣味のゲームにつきあう、掃除をする、買い物に行く、料理をする、合間をみて勉強する、進路を一緒に考える――子どもが生きている現実に合わせたら、いつの間にか「訪問型学習支援」になっていた。

現在、教室運営と訪問による学習支援は、この事業の二本柱となっている。そして、教室で勉強を教える教員ＯＢたち「学習指導員」の他に、訪問による学習支援を担当する「学習支援員」がいる。その数七四名。

その学習支援員たちの仕事は、学習支援に留《とど》まらない。学習環境を整えるためにも、生活支援、ときに生きる支援に及ぶ。勉強は将来への投資だ。将来への投資は、現在に余力があって初めて可能になる。現在に汲々《きゅうきゅう》として、教室にも来られない困難を抱えた子どもたちが勉強するためには、その条件を整える必要がある。

「よくわからない人たち」が出入りする家で育つ

学習支援員の佐藤《さとう》つかささんが語るケースは、その典型だろう。

佐藤さんがその女の子と出会ったのは、彼女が中一のときだった。両親の離婚後、父親が育児放棄して、祖母と二人暮らしだった。その祖母も、彼女の面倒をよく見ていたとは言えなかった。佐藤さんいわく、彼女の家には「よくわからない人たち」が出入りしていた。祖母の彼氏や、誰だかわからない子ども、その子の友だちの友だちの彼女、とか。

彼女は小二から不登校になる。「一〇〇%勉強以外の要因でした」と佐藤さん。不登校時期が早くて長いと、「あたりまえ」の人間関係の構築が難しくなる。彼女もそうだった。その苦しさを彼女は絵を描くことで紛らわしていた。佐藤さんは「絵を見せて」と言うところから、彼女との関係を作り始める。

佐藤さんとの関係はできていき、勉強も少しずつ始められるようになったが、中断する事件が起きる。「昨日、祖母の彼氏に暴力をふるわれた」。あるとき、絵を描きながら彼女が言った。その後、彼女はみるみる荒れていった。「男になるんだ」と言ってみたり、金髪に染めたり、学校の制服を捨ててしまったり……。佐藤さんは、彼女の生きる気力がガクンと下がったと感じた。佐藤さんは、クリニックに同行し、毎日のように電話をかけ、毎週会いに行った。「明日、生きられるように」——それだけを目指した支援だった、と佐藤さんは振り返る。

「朝起きたらごはんが出てくる。それがうらやましい」

その後、彼女は全日制高校に合格したが、佐藤さんにとって重要だったのはそのことではない。「教育困難校レベルであれば、試験自体はテクニカルにクリアできます」。問題は、そもそも彼女が生きる力を持つこと。その大前提が欠けていれば、高校に行くための勉強に意味を見出せない。

佐藤さんが印象深く覚えているのは、彼女が「友だちはお父さんお母さんがいて、朝起きたらごはんが出てきて……。それがうらやましい」と言ったこと、そして高校の願書を自分から「取りに行く」と言ったことだ。ささいなことだが、このささいな一言を発するためには、前を向いている必要がある。願書を自分で取りに行くのは言うまでもなく、何かが「うらやましい」と感じるのは、自分もああなりたい、ああだったらよかったという願望が生まれている証拠*注二だ。

支援現場では、「退屈だ」という一言でさえ、ときに驚きと感激をもって受け止められることがある。何の希望も意欲ももたない状態では、人は退屈だと感じない。何かをやるエネルギーが自分の中に生まれているのに、何もやることがないとき、人は退屈だと感じることができる。試験の合格はあくまで結果にすぎない。試験に向けて準備しよう、勉強しようという意欲（生きる力）が彼女の中に生まれたことこそが、まさに支援が実った証だった。

登校準備支援活動

最近では、アスポートは試験的に小学生支援も行っている。山の頂のさらにさらに手前だ。白鳥さんはそれを「登校準備支援活動」と名づける。

「子どもが登校するためには、実はいろんな前提条件が必要です。一、宿題をする、二、着替える、三、朝ごはんを食べる、四、教材や連絡帳などの持ち物を用意する、五、余計な困りごと（弟や妹、ときに親の世話など、自分が家を空けられないと感じる事情）がない……。こういう条件が整って初めて子どもは登校できるんだけど、それがあたりまえだった人たちは、そのことがわからない。わからないから、気合いの問題だと思ってしまう」

気合いではすまないので、学習支援員がその準備を支援する。前日一緒に買い物に行き、卵焼きをつくり、持ち物を取り揃えて、ときには起こしに行き、一緒に登校する。それを〝学習〟支援員がやる。

一緒に過ごす時間が「何か」を溜めていく

白鳥さんと佐藤さんたちは「一緒に過ごす時間」の重要性を強調する。

「一緒に過ごす時間の中で、子どもたちの中に何かが溜《た》まっていく。それはコップに水が溜まっていくようなものだ。そしてあるとき、溢《あふ》れる。そのとき、子どもたちは『何かやってみたい』と言い出してみたり、将来について心配し始めたり、急に勉強し始めたりする。いつ溢れるか、それは私たちにはわからないし、本人にもわからない。でも、人の成長にはそういう時間が必要だということはわかる」と白鳥さん。だから、教室でもマンツーマン指導にこだわる。自分だけを見てくれる大人の存在。それは勉強を丁寧に教えられるという以上の意味を持っている、と白鳥さんは考えている。

この事業を主催する埼玉県庁の服部孝《はっとりたかし》さんは、それを「心の栄養」と表現する。学習支援にしろ、食事支援にしろ、そこで学んだ漢字の数、そこで摂取したモノの栄養価以上に重要なのは、誰かが自分を気にかけてくれているという心の栄養だろう、と。アスポートがそれを提供しようとする事業だという点について、県庁と白鳥さんたちの間には、しっかりと思いが共有されている。

いつから、何が変わったのか

それにしても、いつから子どもたちはこのようになったのか。長く教師を務めてきた白鳥さんが指摘する大きな変化は三つだ。

一、生徒たちの学力の底抜け

昔から、勉強のできない生徒はいた。

ただ、その「できなさ」は一〇〇点満点で三〇～四〇点程度だった。それがいつからか、一〇点台となった。学力の底抜けは一〇年ほど前から教育系の学者の間で指摘されるようになってきたが、白鳥さんの実感ではこの傾向は二〇年ほど前から始まっている。この生徒たちは、どんなにがんばっても一〇点しかとれない子たちとは思わない。むしろ、勉強できる条件が掘り崩されてきた結果ではないか、と白鳥さんは感じている。

二、親が変わった

昔から、定時制や教育困難校では中退者が多かった。

しかし以前は、生徒が退学を申し出たことを親に告げると、多くの親は抵抗した。子どもに説教を始めたり、ときには暴力をふるったり、白鳥さんに泣きついたり。しかし二〇〇〇年前後から、親はびっくりするほど簡単にハンコをつくようになった。「子どもがそう望むなら」と。子どもに説教する親がいなくなった、と白鳥さんは感じている。

三、学校も変わった

昔から、修学旅行費用を積み立てられない家庭はあった。

しかし、だからといって「修学旅行に連れて行かない」という選択肢は、少なくとも教師の側にはなかった。そこで他の子たちと同じ体験をさせられないなんて、教育の放棄、教師の敗北だと感じた。本人や親が乗り気でないときも、なんとか連れて行こうと働きかけ、教師が有志でお金を出し合ったこともあった。

しかしやはり二〇〇〇年ごろから、「積み立てられないなら、行けないのは仕方ない」とあっさり言う教師が増えた。「そんな状態で連れて行かれても、生徒もうれしくないし、かわいそう」という理屈が、いつの間にかまかり通るようになった。それも「生徒を思ってのこと」だったが、中身が一八〇度変わってしまった。

また、茶髪や金髪、ピアスに化粧といった風紀上の問題を抱える子が登校したときは、以前だったら校門の中に入れてから説教していたものが、今はそもそも校門の中に入れないとなった。ルール違反なのだから敷地内に入れないのは当然と、単に締め出す。

「関わるコスト」を負担できない大人たち

白鳥さんはパターナリズムの信奉者ではない。子どもを受容し、寄り添うことの必要性と重要性を深く理解し、実践している。そうでなければ、並々ならぬ粘り強さを必要とするアスポートを率いてはこられなかっただろう。

ただ、子どもを叱る、さとすことができなくなっているのも問題だと感じる。子どもに自己決定する力がないかのように振舞うパターナリズムはよくないが、その反対は「あなたのやりたいようにやればいい」という放置・放任ではない。

複数の選択肢を提示し、予想される結果を示唆しつつ、複眼的に考えることを促し、子どもの自己決定を支えるような粘り強い関わり方が必要で、それが育児であり、教育であるはずだった。

しかし、そのような関わり方には何よりも時間がかかる。精神的にも実際問題としても、大人たちに余裕がなければできない。それが親からも学校からも失われてきたのではないか。考え方が変わってきただけでなく、「関わるコスト」を負担できない大人たちが増えたのだ。じっくりつきあう余裕がないから、親は放任し、学校は締め出す。結果として、じっくり関わってくれる大人のいない子どもたちが、どこまでも落ちていく……。

「見えない」領域に目を凝らす

そうした関わり方を親に代わって社会がどこまで代替できるのか、正直白鳥さんたちにはわからない。実際、深く関われば関わるほど学習支援員が疲弊していくという現実もある。それでも、アスポートは高校生たちの中退防止支援を正式に事業化し（二〇一三年）、埼玉県下二六市二三町村で学習教室や訪問を受託している（二〇一六年四月現在）。

社会の認知と支援の充実が追いつかなければ、山頂の前後左右に広げてきたアスポートの展開も、いずれ限界に突きあたる。そのツケは、まずは子どもたちに、そして将来の日本に跳ね返ってくるだろう。そうならないために、私たち自身が「見えない」領域に目を凝らしていく必要がある。

まずは、あなたの町で、山頂とその前後左右に目を凝らすところから始めてみませんか？

注一　アスポートは、学習教室と家庭訪問を二本柱とした埼玉県の子どもの貧困対策事業の愛称である（二〇一〇年度より開始）。アスポートには「明日への港（明日・ポート）」と「明日へのサポート」という二つの意味が込められている。事業名なので、一般社団法人「彩の国子ども・若者支援ネットワーク アスポート学習支援センター」を略して「アスポート」と表記するのは厳密には適切ではないのだが、アスポート事業は「彩の国～」が一括して担っていること、白鳥さんたちの活動を示すときも「アスポートの～」と呼ぶのが定着していることなどを勘案して、本書でも「アスポート」と略記することとした。

注二　プライバシー保護のため、いくつかの事例を混ぜて紹介している。

11 「わくわくエンジン」を引き出せば、子どもは変わる

ふつうの主婦が見つけたノウハウ

どうすれば、子どもの「やる気」を引き出せるのか――これは、世の親たちの共通した悩みであり、また子どもの貧困対策のカギでもある。さまざまな困難を抱え、厳しい体験をしてきた子どもたちは意欲も低下しがちだからだ。

ＮＰＯ法人キーパーソン21代表理事の朝山《あさやま》あつこさんは、わが子の子育てから出発して、その方法をキャリア教育としてプログラム化し、三万人を超える子どもたちに伝えてきた。

近年は、貧困家庭の子どもたちの学習支援にも応用し、成果をあげている。「何も考えてこなかった」「ふつうの主婦」と言う朝山さんが見つけたノウハウとは何か？　ご本人に話を

聞いた。

「そういうもんだ」と意識しないくらい、そういうもんだと思っていたが……

――活動を始めるきっかけは何だったんですか？

朝山　私は、もともと息子三人を育てる専業主婦でした。自分は大学を卒業して、就職先も決まっていましたが、結婚することになり、主婦になりました。働いたこともなければ、何も考えずに生きてきましたね（笑）。子どもたちもあたりまえのように中学、高校、大学と行って、好きな仕事について、好きな人と結婚して、温かな家庭を築いていくと思っていました。「そういうもんだ」と意識しないくらい、そういうもんだと思っていました。

ところが、今年三二歳になる長男が中二のときに学校崩壊が起こりました。子どもたちが廊下に水をまく、牛乳を床にぶちまける、物を壊す。トイレの修理費が何百万円とか。そこから何かがおかしいんじゃないかと考え始めました。

高校行かないなんていう選択肢が世の中にあったのか

朝山　その後一度は落ち着いたんですけど、その長男が中三の夏に今度は「高校行かない」って言い出して……。びっくりしましたね。高校行かないなんていう選択肢が世の中にあったのかって（笑）。「日本の義務教育は中学までだから、高校は行かなくていいんじゃないか」って。これには一本取られた感じでしたね（笑）。

でも、「それは違うんだよ」って言いました。「あなたが今通っている学校は本来の学校の姿じゃない」と。「本当は切磋琢磨《せっさたくま》できる友人がいたり、部活ができたり、尊敬できる先生がいたり、未来に希望を持ったり、将来どうしようかって考える場が学校なんだよ」って。「とても楽しくて、自分が成長できる場で、あれは例外なんだ。それを認識してほしい」と。

一方で「自立のための教育はもういらないというのであれば、中学を卒業したら家を出なさい」と言いました。私もびっくりしたんですけど、息子もびっくりしたと思います。この親、何を言い出すんだと（笑）。

結局、長男は高校に行ったんですが、そういうことが起こる中で私の中で何かが変わりましてね。私自身は何も疑問を持たずに生きてきたけど、そうじゃないんだ、人生というのは自分でその都度、選んでいくんだって初めて気づいたんです。

「君これくらいだよね」って、大人の決めつけ

朝山　それから、じゃあ今の子どもたちにとって何が必要なんだろうかって考えました。自分の子どもたちが自立して生きていく――それ以外に私のミッションはない。でも見渡

してみると「この成績だから、これくらいの学校だよね」って進学や進路が決められていく。本人の意思じゃなくて、やりたい気持ちがあるのでもなくて、「君これくらいだよね」って。「大学行けば安心だよ、有名企業入ればいいよね」って。

違うんじゃないかと思いました。息子三人が力をつけていくということは、このままだとできないなと直感的に思いました。やっぱり子ども自身の「こうしたい！」っていう気持ちを、親や先生が発見して、引き出して、活躍させるのが本来あるべき教育なのではないか、と思うようになったんです。

“それ”が見つかれば、先に死んでも安心

朝山　私が息子たちに残せるのは、学力ではなく、学歴でもなく、有名企業に入れることでも、財産を残すことでもない。自分の本心、気持ちが素直に向いて、わくわくして動き出さずにはいられない原動力のようなもの。それを子どもが「これだ！」とわかったとき、自分自身の方向性を見つけることができる。

息子三人、同じように育ててるつもりでも同じには育ちません。長男は運動神経のいい子、スポーツマンに育てたかった。小さい頃からボール投げとか一生懸命やってたけど、「あ、セミ」みたいな感じで全然集中しなかった（笑）。ところが次男は、ほっといても「ボール、

ボール」って。親がこうしたいって思っても、そのようにはならない。

もともと持っている能力をどう生かしていくのかっていうのが親の役目なんだなと、母親としてだんだん気づいていったんです。本人がそれを見つけられれば先に死んでも安心だな、と。それを今、私たちは「わくわくエンジン」と呼び、それを引き出すのが親の本来の務めであり、NPOとしての私たちの役割でもあると考えています。

そこからいろんなことが動き出しました。

まずは私自身。ママたちとのお茶会も、お稽古《けいこ》事も、ショッピングも楽しいけど、働いたこともない。息子に「君は生き生き働くんだ」と言っているのに「ママは？」て聞かれたら、言葉に詰まる。息子からしたら「人のこと言えねーだろ」ってなってしまう（笑）。不満はないけど、それだけじゃダメなんだ、私も自分の人生を考えなきゃって思いました。

そこで行ったのが川崎《かわさき》市の女性起業家セミナー。いろんな方がいましたね。「こんなこと考えてるんですけど」って言うと、みんないろいろ揉《も》んでくれる。「あー、そうなのか」と目からウロコで。「世の中にはいろんな面白い人がいっぱいいるんだ」と。自分がいかに何も知らなかったかを気づかされました。本当に世間知らずでした。私は子どもと同じレベル（笑）。

それで、こんな人がたくさんいることを子どもたちにも知らせたいと思いました。子どもの世界は、家庭と、学校と部活と塾くらいしかない。でも、それだけじゃない。「もっと広い世界に、いろんな価値観の人たちがいて、いろんな生活をして、いろんな仕事をしているカッコいい大人がいっぱいいいるんだよ」って、伝えたくなりました。それでNPOを作ったんです。

NPOを作ったのは、親の力だけで子どもを育てるのは難しい、私ひとりじゃ無理だと思ったからです。自分の子ども三人だけだったら、もしかしたら自立して生き生き働くようにはできるかもしれない。でも、息子の友人たちはどうなるんだろうとも思いました。日本の教育の仕組みや、学校、家庭、地域のあり方を見たときに、これは日本中の問題じゃないかと思ったんです。

もし「つまんねー」って言っている人たちばかりの社会だったら、仕事するの楽しくないだろうし。そして一人でも多くの子どもが、自分をいかし、生き生きと仕事していってほしいと思いました。

教育現場にはなかなか受け入れられなかった

――キーパーソン21は、二〇〇〇年に設立。翌年にNPO法人になっています。ノウハウはあったんですか。

朝山　ノウハウはありません。ゼロでした。でも共感して協力してくださる方たちがいたので、動き始められました。一緒にチームを組んで、試行錯誤でプログラムを開発してきました。

でも、そのころの学校には、外部の者を門前払いするような雰囲気があって、最初は難しかったです。「変な新興宗教じゃないでしょうね」「NPOって何？」って。「あちゃー」って感じ（笑）。学校は受け入れてくれないんだなと思った。それならと、最初は公民館でプログラムをやり始めました。

幸いメディアには取り上げられたので、たくさんの大学生が来てくれるようになりました。大学生はすごくよかったですって喜んでくれました。でも活動を重ねるうちに、大学生になる前の小中高校生くらいの年齢から、未来の生き方とか考え方とか、多様な価値観を受け入れる土壌を子どもたちの心の中に育てていくことが必要なんじゃないかという思いが強くなって、原点回帰することにしました。

再び学校へ。「お手並み拝見」的な雰囲気の中で

朝山　そこで改めて「子どもはどこにいるんだ？」って考えたら、やっぱり学校だった。「学校か～」って以前の体験が頭をよぎりましたね（笑）。でも、そうこうしているうちに

「やってほしい」って学校がポツポツ現れてきました。ああ、だんだん変わってきたんだと思いましたね。

とはいえ、あいかわらず「NPOがなにできるわけ？」とか「お手並み拝見」的な雰囲気はあって、結構つらいな〜って思いながらやることもありました。でも、いま困っている子どもたちが、いつかさらに悩むことになる、やっぱりなんとかしてあげたいという思いで、みんなでコツコツとプログラムの開発を続けました。

そしたら二〇〇五年に、経済産業省の「地域自律・民間活用型キャリア教育プロジェクト」が始まったんです。「キャリア教育」という言葉がブレイクした時期で、経産省から電話がありました。そこで初めて、私たちの取り組みが川崎市のキャリア教育として位置づけられたんです。それまでは「生き方学習」と言っていましたね。我ながらセンスなかった(笑)。

答えは自分の中にしかない

――プログラムはどんなものですか？

朝山　講演スタイルの「おもしろい仕事人がやってくる」、ワークショップ方式の「すきなものビンゴ&お仕事マップ」、個別サポートとして「個別アクションプログラム」などがあります。公開しているもの以外にもたくさんのプログラムがありますが、目的はすべて「自分で考えて、選択して、行動する力を引き出すこと」です。

答えは自分の中にしかないので、大人ができるのはティーチングではなく、ファシリテーションとコーチング。引き出す、認める、伴走する。一切教えないし押しつけない。その子の中にある原石を引っ張り出すことしかしていません。

たとえば「すきなもののビンゴ＆お仕事マップ」であれば、グループで自分が一番わくわくするものを出していきます。スポーツとか音楽とか、いろんなことが出てきます。それから、それに関連するお仕事を出していきます。与えられた職業ではなく、自分で考え出すんです。こんなのもある、あんなのもあるとヒモづけていく。

ビンゴ形式でやるのは、ゲーム感覚で楽しいから。楽しいと本音を言います。ゲームのときに嘘つかないですからね。大人が関わるのは、非日常性を持たせるため。グループでやるのは、お互いを認め合う力を生み出すため。「おまえ将棋が好きなんだ、へー」みたいな感覚でやります。

お仕事は職業名である必要はありません。「何々をする人」でもいいんです。たとえば、わくわくするものに「上戸《うえと》彩《あや》」って書いた中学生がいました。好きなものも大切なものも全部、上戸彩。一番わくわくするものも当然、上戸彩。アイドルが好きでいいんです。ふつうでしょ。そこで「芸能人になりたいの?」とは、私たちは言わない。

その子に「関連するお仕事書いてみようか」って言うと、「やっべ、何にもないや」って消そうとする。それを「ちょっと待って。上戸彩に関連するお仕事、たくさんあるじゃない」と。「上戸彩は可愛かったの?」「可愛かったよ」「はじめから可愛かった?」「可愛かったよ」「もっと可愛くなるためになんかしていることない?」「あ、メイクアップしてる」「カメラマンがいる」「衣装さんがいる」……いろんなことに気づく。上戸彩に関連する仕事がたくさんあるんだってその子の中でストンと落ちる。上戸彩が好きな自分と、社会は関係ないと思っていたのに、「あ、つながってる」って体験できる。「そうなんだ! 上戸彩が好きなオレは、社会を見ているわけだ」って。それで、その中から好きな仕事ベスト3を選ぶ。やりたい仕事ではなく、わくわくする仕事を書く。

「やりたい仕事」ではなく「わくわくする仕事」

――「やりたい仕事」と聞かないのはなぜですか?

朝山 「やりたい仕事」と聞かれると、反射的に「自分にそれができるか」と考えてしまって、急に現実に戻るからダメなんです。書き出すのは、わくわくする仕事。「別にやりたくなくてもいいよ」って。職業名である必要もない。

図11-1 わくわくする理由は一人ひとり違う！

	A君	B君	C君
わくわくするもの	野球		
わくわくエンジン	作戦や戦略を立てること	チームで何かを達成するために自分が役に立っていること	日々の小さな成長を感じること

出所：キーパーソン21提供

たとえば、野球にわくわくする子が三人いたとします。大人はすぐに「野球選手になれば？」などと言う。でもそう簡単になれない。そうすると、小学生の頃は野球選手にあこがれていた子が、中高生になって「やっぱりダメかも」って自信をなくしてしまう。

でもそれぞれによく理由を聞けば、A君は作戦や戦略を立てることがめちゃくちゃ楽しい。B君はチームで達成するために自分が役立っていることが楽しい。C君は、素振りとか筋トレ、自分の小さな成長を感じるのが面白い、と言う。私たち大人や先生は、野球選手というたった一つの職業につなげるのではなく、その子の内面にある理由をキャッチする観点を持つことが大切なんです。そうすれば、クラス作りにおいても、文化祭や体育祭でも、家庭でも、その子が前向きになれる役割を担わせることができる。先生のクラス作りとして、いかようにでも活用できます。

子どものわくわくエンジンを引き出し、認めて、伴走するのが大人の役割なんです。

個性を認めなきゃって言いながら、けなしてる大人

――それが社会的にできていない、ということでしょうか。

朝山　大人がそういう観点を持っていないと思うんです。野球の好きなA君B君C君がいたら、野球選手って短絡的に職業名につなげたがる。大人が早くゴールを決めたがる。その子の中にある本当の思いを無視して、進んでいく。わくわくする目標を持てば、子どもは自分で動き出す。それに大人は気づいているようで気づいていない。気づき方がわからない。「相手を認めましょう、個性を認め合いましょう」って言うけど、先生とか親とか、子どもの成長に関わる大人たちが、自分や相手を認めるトレーニングって受けたことがあるんでしょうか。個性を認めなきゃってお題目のように言いながら、実のところ大人が認めることができていない。

親は親で、親のエゴが働くから「こっちの大学行ったほうがいいよ」って言ってしまう。有名企業に入ったほうがいいんじゃないって。子どもの気持ちを無視していることに、親自

身が気づかない。本人の特徴、強み、本気でやりたいこと、わくわくすることを見もしないで、ここ行っとけば安心よって言ってしまう。実は「子どもがここの大学行ってくれたら鼻高々だわ」って思う自分がこっそりいたりする。

「ごちゃまぜ力」が必要

——親自身が、自分のわくわくを見つけてもらっていないからですかね？

朝山　そうだと思います。それを経験していない。私は高度経済成長期に育ちました。やっぱり、日本は均一な産業人を育てることをしてきたと思います。右向け右、左向け左、前にならえって。でも、これからはごちゃまぜ力が必要になる、そういう社会がきている、と私は思います。私が始めたときには、外国籍の子は一人もいなかった。今はクラスに四、五人いる。障害を持っている子もいるし、性別も様々だし、いろんな子がごちゃまぜになっている。小学校は子どもが出会う初めてのダイバーシティ（多様性）だと思う。親も多様になっている。それに先生が慣れていない。どうしたらいいかわからなくて戸惑ってしまう。

揺さぶって、わくわくさせる

——「わくわくエンジン」は、これからの時代を生き抜くために必要、と。

朝山　そこがポイントだと思います。私たちは、わくわくすると人は能動的になることを実感してます。社会は小さなイノベーションの積み重ねでできています。私たちは社会の枠組みに子どもをはめ込もうと思っていません。むしろ枠を外すというか、揺さぶってわくわくさせる。

私たちは、これからの新しい社会をつくる子どもを育てたい。これからの社会は、多様で多元的で立体的で複合的です。そのときに、二つの力が必要になると考えています。

一つ目は、主体的な自分を語れること。ごちゃまぜだからこそ、自分が何者であるか語れる力が必要。もう一つは協働のコミュニケーション。これからはプロジェクト単位で仕事をすることが増えます。トヨタと日産が一緒に仕事するかもしれないし、NPOと企業、学校と企業、学校とNPOとか、ぐっちゃぐっちゃになるかもしれない。何かを生み出すときに、わが社だけが出し抜いてやるって話じゃなくて、いろんな人がごちゃまぜになって、プロジェクトを作っていく。

ごちゃまぜだからこそ、自分が何者であるか語れないと「イケてない人」になっちゃう。自分軸をしっかり持って生きてほしい。そのときにベースになるのが、心の底からわくわくする、頑張りたいっていう気持ち。それは、数学得意だよね、理科得意だよねっていう強みや得意の話にとどまらない。その人にしかわからない、その人のわくわくエンジンです。それが揺るがない自分の、ぶれない軸をつくっていきます。それを持っていることが、これからを生きる人として必要です。

未来に希望を持つためのノウハウ

――「主体性」や「協働する力」、よく言われていることですが、実際には難しいのでは？

朝山　実績を見てもらうしかないですね。いま、川崎市内で貧困家庭の子どもたちの学習支援も手掛けていますが、私たちのところに来た子たちは、初年度から全員が全日制高校に合格しました。

この学習支援で私たちが大切にしているのは、絶対に見捨てない、一人ひとりに対する丁寧な学力向上、未来に希望を持つ、この三つです。前の二つは学習サポーターでできるけど、三つめはノウハウが必要。そこに私たちの強みがある。大人はよく「自分を信じなさい」って言うけど、子どもたちは自分の何を信じればいいかわからない。それが、一対一でわくわくエンジンを見つける「個別アクションプログラム」をやると変わっていきます。個別アクションプログラムでは、本人の口から出てきたキーワードを拾って、わくわくエンジンを突き止める。

たとえばこんなことがありました。レオ君という中三生がいました。九月になってもまったくやる気がなくて、成績も一と二しかない。うちの学習支援は六時半から八時半なんだけど、その子は八時二五分に来る（笑）。彼女と一緒に来て「ちょっと待っててね」って五分だけ顔出して、また彼女と遊びに行く（笑）。勉強しない子でした。でも、うちのメンバーが「個別アクションプログラム」をやってから、変わりました。

私は、学習支援のときは「駐輪場のおばちゃん」をやっていて（笑）、出てきた子たちに「気をつけてお帰り」って声かけしてるんですけど、そのときレオ君に「今日どうだった？」って何気なく聞いたんです。そしたら「自分に感動した」って（笑）。プログラムをやっている中で、幸せな家庭を築きたいっていう「自分の思い」に気づいたというんですね。

幸せな家庭を築くためにはお金を稼がなきゃいけない。どうせ働くなら好きなことしたい。モノをつくるのが好き。おじいちゃんが宮大工で誇りに思っている。建築に関する仕事がしたい。建築科のある学校に行って資格を取りたい。勉強したい……。そういう「自分の思い」に気づいてから、彼は変わっていった。まずは建築科のある一番偏差値の低い定時制を目指したんですけど、どんどん成績が伸びて、結局全日制に受かっちゃいました。

与えられたノルマのような目標じゃなく、自分から獲《と》りにいく目標を見つけることができたからこそその成果だと思います。そのベースにあるのがわくわくエンジン。わくわくするものが見つかれば、その子のエンジンがかかるんです。

全国に普及させるフェーズに

――今後は、どのような展開を？

朝山　去年は四〇校を訪問して、三〇〇〇人くらいにプログラムを実施しました。でも小さな団体でやっているので、申込み件数に追いつかなくて、ずいぶん前からお断りしないといけない状況になってます。

ですから今年度は、大きくシフトすることにしました。授業の出前はしない。ラーメンの出前はしない。でも、美味《おい》しくて、みんなが健康で幸せになれるラーメンのレシピはお伝えします。そのレシピで作ったラーメンを、どうやったらみんなで囲める食卓になるかもお手伝いします。それぞれの地域でどういうふうにやればいいか、そのノウハウをお伝えする形にシフトしようというのが、これからの方向性です。

私たちみたいな小さな団体だけがやっていても、たかが知れている。全国にはもっとたくさんの子どもたちがいる。各地の有志や企業、ロータリークラブ、ＰＴＡ、自治体、大学などと組みながら、これからはキーパーソン21のノウハウを全国に普及させていきたいです。そのための新しいフェーズに入っていきます。

第三章　できることを、できることから

——動き出す自治体・企業

12 「子どもの貧困対策をするつもりはない」と言う対策先進市の市長

先進市

タコが有名で、さかなクンが「明石《あかし》たこ大使」を務める兵庫県明石市。人口二九万人のこの町は、全国に先駆けた「離婚時の養育費等取り決め」など、子どもの貧困対策の先進市でもある。

対策は、二期目に入った泉房穂《いずみふさほ》市長の強力なリーダーシップの下で行われてきた。ところが当の泉市長は「子どもの貧困対策をするつもりはない」と言い切る。およそ謙遜《けんそん》するタイプには見えないマシンガントークの市長が、真顔でそのように言うワケとは？　明石市の経営戦略とは？　市長に聞いた。

子どもはカバンじゃない！

——明石市は全国に先駆けて「離婚時の養育費等取り決め」を進めてこられました。

泉　二〇年間「子どもはカバンじゃない！」と言い続けてきました。「どっちが持って行く？」とか、そんな話ではない。モノじゃないんだから。離婚が避けられなくなっても、その影響を受ける子どもの未来にとって最善の選択肢を話し合ってから離婚すべきでしょう。そう考えて、二〇一四年度から離婚届を取りに来られた方たちに「こどもの養育に関する合意書」をお配りするようにしました。養育費の額だけではなく、支払いの期間や振込口座、面会交流の方法・頻度・場所などを具体的に記入できる合意書です。提出は義務ではありませんが、ご両親には考えていただきたかった。もちろん、合意書を配布するだけではありません。民間団体と連携して月一回の専門相談会を開き、実効性のある取り決めがなされるようサポートします。

また、アメリカの多くの州で義務化されている「離婚前講座」も開いています。将来的には養育費の立て替え支給も検討していきたいですね。これらはすべて、離婚によって大きな影響を受ける子どもたちを守るためです。決して離婚を勧めているわけではありません。

——ひとり親家庭の貧困率は高く、背景の一因に養育費を受け取るひとり親（主に母子家庭）の少なさがあります。子どもの貧困問題に対する注目が高まる中で、明石市の取り組みが全国的にも採用されつつあります。

泉　二〇一一年の厚労省の調査では、母子家庭のうち、養育費を受け取っているのは二〇%、面会交流を行っているのは二八％にすぎません。子の利益が十分に守られている状態とは言えません。

明石市は一基礎自治体にすぎませんが、私は常に「普遍性」を意識して施策を打っています。明石市にできることは今すぐにでも他の自治体もできる、今すぐにでも他の自治体でできないようなやり方はしない。このように考えながら、施策を作ってきました。国でも超党派の「親子断絶防止議員連盟」が「明石市のやり方をナショナルスタンダードに」と言ってくれ、現在法制化作業が進行中です。

児童扶養手当のまとめ支給も先駆ける

――児童扶養手当の毎月支給にも取り組まれるご予定とか。

泉　自治体の施策として始めるべく、準備しています。ひとり親家庭などに支給される児童扶養手当は四か月ごとの支給ですが、もともと日々のやりくりが厳しいので、まとまったお金が入る支給日に溜《た》まった支払いを行う、その結果次の支給日までに生活費が足りなくなる、という悪循環を生みかねません。それなりの貯金がある方たちや、毎月決まったお給料が入る方たちにはなかなか想像しにくい不都合が生まれ、困窮の度合いを深めてしまう可能性があります。ただし、児童扶養手当は法律で「四月、八月、一二月に支給」と四か月ごとの支

図12-1 明石市のこどもの養育に関する合意書

ver.02

こどもの養育に関する合意書

1．親権

こどもの親権については以下のとおりとします。

	名前	性別	生 年 月 日	親権者
第1子	ふりがな	男・女	年 月 日生	父 ・ 母
第2子	ふりがな	男・女	年 月 日生	父 ・ 母

2．養育費

〔 父 ・ 母 〕は〔 父 ・ 母 〕に対して、以下の条件でこどもの養育費を支払うこととします。ただし、父母の経済的事情が変更した場合には、協議の上変更することとします。

	養育費の額	養育費の支払期限	養育費の支払期間	
			いつから	いつまで
第1子	月額 円	□毎月（ ）日まで □（ ）まで	□この取決めの月から □（ ）から	□満（ ）歳の誕生月まで □満（ ）歳に達した後の3月まで □以下の学校を卒業するまで □高校 □大学 □（ ） □（ ）まで
第2子	月額 円	□毎月（ ）日まで □（ ）まで	□この取決めの月から □（ ）から	□満（ ）歳の誕生月まで □満（ ）歳に達した後の3月まで □以下の学校を卒業するまで □高校 □大学 □（ ） □（ ）まで
その他（入学、進学、習い事、入院や手術にかかる費用等の負担について）				

養育費の支払方法（口座振込の場合にかかる手数料は、支払者が負担します。）

	第1子	第2子
口座振込	金融機関名 銀行 信用金庫 協同組合 本・支店名 店 口座の種類 普通 その他（ ） 口座の番号 口座の名義	金融機関名 銀行 信用金庫 協同組合 本・支店名 店 口座の種類 普通 その他（ ） 口座の番号 口座の名義
その他		

3．面会交流

こどもの面会交流（離れて暮らす父や母がこどもと定期的、継続的に会って話をしたり、一緒に遊んだり、電話や手紙などで交流すること）については、以下のとおりとします。面会交流の際は、こどもの安全と安心を第一とします。

交流の頻度と方法	交流の場所	父母の連絡方法
□こどもが望むときいつでも □（ ）週間に（ ）回程度 日帰り（ ）時間程度 宿泊（ ）泊程度 □（ ）ケ月に（ ）回程度 日帰り（ ）時間程度 宿泊（ ）泊程度 □手紙や電話など（ ）	□公園・近隣施設など □面会する親の自宅 □その都度協議 □（ ）	□メール □手紙 □電話 □FAX □（ ）を通じて □（ ）
その他特記事項		

こどもの養育について、以上のとおり合意します。

平成 年 月 日

父

氏名	印	電話（ ） メール（ ） 緊急連絡先（ ）
現住所	〒（ ）	

母

氏名	印	電話（ ） メール（ ） 緊急連絡先（ ）
現住所	〒（ ）	

出所：明石市HPより

給が明記されていますので、自治体が勝手に毎月の支給に切り替えることはできません。
そこで明石市は、手当を受け取るご本人の希望をうかがって、毎月児童扶養手当一か月分の貸し付けを行い、児童扶養手当の支給時にその費用を相殺するサービスを始める予定です。もちろんただの貸し付けサービスにはしません。そのやりとりを通じて、家計管理のサポートなども行います。これは明石市社会福祉協議会（社協）にやっていただく予定です。実は社協は、すでに認知症高齢者や障害者の方などを対象に似たような事業を行っており（「日常生活自立支援事業」）、そのノウハウがあります。そのノウハウを応用できます。

――しかし、そうしたサービスが必要な人ほど、自分から役所にアプローチしてこないのではないですか。

泉　だからこそ、今年から、児童扶養手当の全受給世帯と面会できる八月の現況届の際にアンケート調査をし、希望を聞き取ります。このように、市役所は市民との接点を数多く持っていて、それを活《い》かすことで、様々な困難を抱えた人を見つけ出すことができます。明石市では、市内のすべての子どもの状況を確認するために、様々な機会を使いすべての子どもと面会をする取り組みを行ってきました。もし、子どもと会えない、会わせてもらえないような場合には、一八歳未満の子どものいる世帯に広く支給される児童手当の振り込みを停止し、子どもを連れてきてくれたら手渡しするようにしています。

市民との接点をフル活用

――役所の事務負担が大変ではありませんか。

泉　そんなことはありません。明石市では乳幼児健診を四か月児、一〇か月児、一歳六か月児、三歳児に実施していますが、そのときに会えれば様子がわかります。明石市の乳幼児健診の受診率は約九八％ですから、そこから漏れてしまった家庭を訪問すれば足ります。保健師さんに訪問してもらい、その機会を活用して相談にのります。このように、様々な機会を活用することにより、市民と接点を持つことが可能となります。例えば、母子手帳の発行時にも、こうした相談を行おうと思っています。

――行政サービスを行う機会をこまめに捉《とら》えて、そこを気になるご家庭や子どもの発見、相談のチャンスとして活用しているんですね。

泉　おっしゃる通りです。役所は、さまざまな行政サービスを、該当するすべての市民全員に届ける業務を日々行っています。その機会を利用すれば、そこから漏れてしまっているご家庭や子どもを発見することができます。そうしてヌケ・モレを防ぎながら、そこに相談機能もつけていけば、虐待や貧困の早期発見・早期対応にもつながる。単に該当家庭に銀行振り込みをするだけでは、住民のみなさんの顔は見えてきません。

――市長はどうして、そのような発想をお持ちになったんですか。

泉　弁護士として、市民のお困りごとの相談にのってきた経験が大きいですかね。さまざまな困難を抱えるご家庭をたくさん見ながら、一件一件の対応には限界があると感じてきました。弁護士は、相談に来てもらわないと対応できない。深刻な事態に立ち至る前に対応したいけど、どこにそういう人たちがいるのかわからない。

他方、行政には多様な情報が集まっている。住民と接する機会も多い。なんでその機会をもっと有効に活用しないのか、なにやってんだ、という気持ちですね。で、ただ文句言っているだけではしょうがないので、自分で行政をやってしまおう、と（笑）。

――なるほど。だとすると、その発想で子どもの貧困対策以外の分野でもいろいろやっておられそうですね。

泉　はい。全国で一万人いると言われる、戸籍のない「無戸籍者」を市内で一一人発見して、支援を行いました。無戸籍者の方々は小学校にも行っておられない。「五〇〇〇円の二割引きと六〇〇〇円の三割引き、どっちが安いのかわかるようになりたい」とおっしゃったんで、教員ＯＢの方に教育支援をしていただきました。

再犯を繰り返してしまう認知症高齢者や知的障害者などの支援を行うためのネットワーク会議も七月に始めました。これも、弁護士時代に受刑者の療育手帳取得支援などをやっていた経験からです。

また明石市は、二〇一八年度に中核市に移行しますが、その際には今回の児童福祉法改正後、全国初となる児童相談所も開設します。

子どもの貧困対策をするつもりはない

――「社会的弱者」と呼ばれる方たちに対して、とても積極的な取り組みをしておられるのですね。子どもの貧困対策もその一環ということですね。

泉　いや、子どもの貧困対策をするつもりはありません。

――とおっしゃいますと？

泉　貧困家庭の子どもたちだけをターゲットに施策を打っているつもりはありません。明石市の対象はあくまで「すべての子どもたち」です。すべての子どもの発達と未来を保障しようとする中で、残念ながら漏れやすい、行政サービスの届きにくい、また不遇な状態で育たざるを得ない子どもたちが見えてくる。それを防ごうとすると、結果的に対象者が貧困家庭の子どもとなることがある。そういうことです。

児童手当を該当する市民に行き渡らせようとすれば、またその機会を活用してご家庭のお困りごとを解決していこうとすれば、結果的にそこで浮かび上がってくるのは貧困家庭の子どもたちだったりするわけですが、それは結果であって、その子たちに向けてサービスをしているわけではない。すべての子どもたちが対象です。

――ユニバーサル（すべての子に対する）な支援ということですね。

泉　そうです。明石市は「こどもを核としたまちづくり」を掲げています。対象はすべての子。貧困家庭の子どもたちばかりを見ているわけではない。同時に、その子たちが排除されるのを決して放置しません。

三つの重点施策

――すべての子に対するユニバーサルな支援を行うとなれば、保育所整備なども対象になりますね。

泉　もちろんそうです。明石市では、以前から中学生までのこども医療費の完全無料化を実現してきましたが、それに加えて二〇一六年度から、「教育・子育て分野に三つの重点施策」として、一、保育所受け入れ一〇〇〇人増、二、第二子以降の保育料の完全無料化、三、小学校一年生への三〇人学級の導入を行います。

特に二は、年齢制限や所得制限をともなわない「完全」無料化で、これは関西初、人口五万人以上の市としては全国初の取り組みとなります。これによって、たとえば年収七〇〇万円の夫婦共働き世帯で、六歳三歳〇歳のお子さんがおられるご家庭だと、年間七三万九二〇〇円の負担軽減となります。子育ての経済的負担を大幅に軽減していこうというのが、明石市の取り組みです。

「財源はある」と気づいたきっかけ

――すばらしいお話ですが、中間層の子まで含めてユニバーサルなサービスを行うのは「バラマキ」で、それでは自治体財政は破綻《はたん》するというのが、世間の〝常識〟です。財源はどうされているんですか？

泉　先ほどの三つの重点施策を実施するためには二三億四〇〇〇万円程度かかりますが、職員の人件費削減や、真に必要な事業かどうかの吟味を尽くすことでねん出しています。真に必要なサービスを削るのは論外ですが、自治体の事業の中にはまだまだムダが隠れています。

私も市長になって二年間は「明石市にはお金がない」と思っていましたが、あるきっかけで、そうではないことに気づいた。市長になって三年目のときに、部長たちに「担当事業のリストを、一～五〇位までの優先順位をつけて出してくれ」と指示しました。そして出てきたリストに対して、三〇位までで機械的にカットすると告げ、実際にそうしました。そしたら三一位以下の事業が全くできなくなったかというと、やりくりしてカットしたはずの事業も実施しているんですね。なんだ、できるじゃないかと思いました。
たとえば今、血液検査の技術はものすごく進歩していて、胃がんについても胃がんリスク検診（通称ABC検診）が広がっています。明石市は二〇一二年から採用しています。これはレントゲン検診に比べて、費用は二分の一で、発見率が五倍です。にもかかわらず長年続いた慣習やしがらみから、まだまだ採用する自治体が少ない。こうした非効率は、実はまだたくさんあります。お金はある、むしろ余っている。――今はそう思っています。

明石市経営戦略　狙いは中間層の子育て世代

――しかし、国でも民主党《みんしゅ》政権時に「支出を見直せば一六兆円出てくる」と言って、実際に出てこなかった経験がある。ムダ削減だけでは限界があるのではないですか。

泉　自治体経営者として、当然、戦略はあります。明石市の戦略は「こどもを核としたまちづくり」を推進することで、年収七〇〇万円前後の「中の上」の子育て世代を呼び込むこと、その方たちに選んでいただける町になることです。その層の方たちは、子育てに関心が高く、そして教育熱心です。子どもが大きくなるにつれて、どこでマンションや宅地を購入するかを検討される際に、明石市のやってきた施策が魅力的に映るはずだと思っています。そして、その方たちが明石市を選んでくれれば、地価が上がり、固定資産税収入が伸び、市の財政は好転する。

実際にそのような現象が起きています。明石市は、関西で唯一、人口のV字回復を果たしている他（二〇一二年二九〇、六五七人→一五年二九三、四〇九人）、地価（商業地、住宅地）も回復し始め、財政収支の均衡も改善してきています。

――神戸《こうべ》市や大阪市といった大都市へのアクセスが容易な、地の利を生かした自治体経営だということですね。

泉　そうです。そしてその延長線上に、二〇一八年度の中核市への移行と、地域版地方創生総合戦略に掲げた「トリプルスリー（人口三〇万人、出生数年間三〇〇〇人、本の貸し出し年間三〇〇万冊）」の実現を見据えています。

アカシノミクスで好循環!?

――人口や出生率・出生数の目標は、このご時世では珍しくありませんが、「本の貸し出し」という目標は珍しいですね。

泉　一つには「産めよ増やせよ」という話ではない、ということが言いたかった。質も大事だ、と。そしてもう一つは、先ほどの教育熱心なメインターゲット層に訴えたかったという戦略的な側面もあります。明石駅前に建設中の再開発ビル（一七年一月開設済）は、広さを四倍にした市民図書館が入る他、大規模書店も誘致し、日本一の本のビルにするつもりです。もちろん、豊富な本を無料で読める環境の充実は、子どもの貧困対策にもなりえるでしょう。ただ私としては、市民ニーズと時代ニーズに応《こた》えているだけで、子どもの貧困対策のためにやっているわけではありません。

――市民ニーズと時代ニーズに応えていけば、人が集まり、その結果税収が上がり、その果実をさらなる市民サービスの拡充に回せる。結果として貧困状態に取り残される子どもたちも減らせる。これが明石市の目指す好循環ということですね。さしずめ「アカシノミクス」というところでしょうか。

泉　ははは（笑）。そう言っていただいてもかまいませんよ。

13　「学習県」を標榜する知事の思い

自然豊かな信州《しんしゅう》・長野は「教育県」としても知られる。しかし、子どもの貧困対策にも力を入れる阿部《あべ》守一《しゅいち》知事は「教育県から学習県へ」のパラダイムシフトを念頭におく。そのビジョンと、その中での子どもの貧困対策の位置づけを聞いた。

子どもたちの声

――一五年度、長野県として「子どもの貧困対策推進計画」を策定されました。

阿部　計画をつくるために「長野県子どもの声アンケート」を集めました。ひとり親家庭や児童養護施設などで暮らす小学校四年生から一八歳までの児童約四五〇〇人から回答が寄せられました。自由記述欄には子どもたちの切実な声が満ちており、「これを見て、何も感じない知事は、知事じゃない」と思いましたね。

――どんな声が印象に残っていますか。

阿部　子どもたち自身が将来に対して不安を抱いています。特に教育費の心配が多く、子どもたちの強い危機感が伝わってきました。さらに深く感じ入ったのは、子どもたちなりに親を精一杯心配していることでした。

「朝早くから夜遅くまで仕事をしている母が、兄や私の進学もあるので、疲労で倒れてしまわないか心配」（中学一～二年）／「母が病気になったりしたらと思うと心配」（中学一～二年）／「母子家庭で、大学進学はしたいけど無理なのはわかっている。本当は進学したい気持ちはあるが、母には言わず、私は高校を卒業したら働くからねと言っている」（高校一〜二年）／「『夢がない』と言われるが、夢をもっても何もならない。劣等感が大きくなり、消えたくなるだけ。劣等感に勝てる気がしない。長期休みになると母が『どこかに行こう』と言ってくれる。でもどこかへ行くのもお金がかかり、そのお金を使わなければ、少しは貯《た》まるのではないかと思う。息抜きのときでさえそんなことを考えてしまうのが嫌。せっかく楽しませてくれようとしているのに心の底から楽しめていない。普通の生活がしたかった」（高校三年生）／「母に迷惑をかけないように進学を諦《あきら》め、地元での就職を選んだ」（高校三年生）

子どもの将来を支えていくと同時に、保護者を含めて丸ごとその家庭を包みこむ支援策を考えていく必要があると思っています。子どもに対しては、特に教育に力を入れていきたいですね。

大学進学を後押し

——まとめられた推進計画を見ると、大学進学まで積極的に後押ししている点が、他県に比べて際立っていると感じました。

阿部　大学等の教育費負担の軽減に取り組んできました。県レベルだと、なかなか財源が大変なのですが、一歩ずつ進めてきています。二〇一四年度には「県内大学進学のための入学金等給付金」を創設しました。市町村民税所得割非課税で、学習成績の評定も三・五以上ある子には、県内大学・短期大学の進学に際して、受験料や入学金を三〇万円まで給付します。

翌二〇一五年度には「飛び立て若者！奨学金給付」を始めました。これは児童養護施設などで暮らす子を対象に、大学・短大・専門学校に進学した後の生活を支援するもの。月額五万円を返還不要で給付します。

今年（二〇一六年度）は「『希望を実現』奨学金給付」です。県内大学等に進む子たちに、文系で一五万円、理系で二五万円を給付します。これも返還不要です。経済的な理由で大学進学を迷っている子どもの背中をちょっとでも押してあげられればと思っています。

自然エネルギーの利益を教育に投資

――財源はどうされているんですか。

阿部　どれも県の独自政策ですから、やりくりしています。

最初の「入学金等給付金」は、なんとかねん出しました。次に、ルートイングループと会長の永山勝利《ながやまかつとし》氏個人から、子どもたちのために役立ててほしいとのお申し出をいただきました。そこで、児童養護施設や里親の子どもたちがどうしても断念せざるを得ないことが多いので、その子たちの支援ということでご理解いただきました。それで生まれたのが「飛び立て若者！奨学金」です。今年の「希望を実現」奨学金にも、一部ルートインのお金も使わせていただいています。また、理系学生への奨学金は、実は長野県企業局のものです。企業局は、電気事業で利益をあげています。その一部を一般会計に繰り入れて、それを子どもたちのために役立てようと、今回の奨学金を創設しました。

――工夫されているんですね。

阿部　いま長野県は、小水力発電を中心に、県全体で自然エネルギーに転換していこうとしています。利益を生むところには生んでもらって、それを特に力を入れている分野に配分しています。その重点分野の一つが子どもの貧困対策でした。

実はうちの県も、ひところの民営化の流れの中で、電気事業を中部電力に売却しようという話がありました。ですが私は、県として電気事業をもっていることにはメリットがあるんじゃないかと思ったんですね。それで売却を取りやめました。自然エネルギーへの転換促進でも、企業局のもっているエネルギー関係のノウハウは使えるんです。企業局の職員は、自然エネルギー転換に向けた啓発キャラバンもやってくれています。自然エネルギーで出た利益を、より公益的に、地域のために使う。地域に貢献しつつ、そこで利益も生み、その利益も地域のために使う。啓発事業も加えれば、一石三鳥です。今は残してよかった、と思っています。

包括的な子ども支援条例で次世代育成に推進力を

――条例も作られたとか。

阿部　長野県の将来を明るい方向にもっていくために、二〇一四年「長野県の未来を担う子どもの支援に関する条例」を作りました。子どもの権利条例を制定している自治体は多いですが、もう少し広げた形で「重層的かつ総合的な子ども支援」を謳《うた》いました。また、保護者や学校関係者など、子どもを支援する者への支援も盛り込んでいるのが特色です。ここまで幅広く子どもの支援を謳っている条例は、都道府県レベルではありません。全国初と言っていいと思います。

子どもの貧困はその中の大テーマの一つ。そして、その推進エンジンとしてリーダーシップを発揮するのが「長野県将来世代応援県民会議（仮称）」です。これは、以前からあった青少年育成県民会議と、子ども・子育て応援県民会議を統合して作る予定です。オール信州で、より包括的に、子どもを支える態勢整備をしていきます。子どもの貧困対策は、平成二八年度予算の柱の一つです。

一人多役で一場所多役

――子どもの居場所づくりには「〝一場所多役〟の自立的・持続的な居場所普及の観点からのモデル事業の実践」という言葉があります。〝一場所多役〟という表現は初めて見たんですが、長野県の土地の言葉ですか。

阿部　実は私がよく使っている言葉が〝一人多役〟なんです。そこからとってきた言葉でしょう。

――どういう趣旨の言葉ですか。

阿部　世の中はずっと、分業化・細分化の方向で発展してきたと思うんです。たしかにその中で労働生産性は上がりましたし、いいこともたくさんありましたが、これからの人口減少社会は少し違うのではないかと思うんです。これからは分業化して究極まで効率化するのではなく、一人でもうちょっといろんなことをやっていく必要があるんじゃないか。消防団として地域社会に貢献しながら働くとか、夏は農業をやって冬はスキー場で働くとか、地域を支えていくためには、一人ひとりが家庭・地域・企業でより複数的な役割をもつ〝一人多役〟が必要になってくるんじゃないかと思っているんです。

その〝一人多役〟が居場所に適用されて〝一場所多役〟。子どもの居場所が、高齢者や障害者も含めたさまざまな人たちの居場所になる。子どもだけに限定されない、多世代交流型、地域共生型の拠点になる。そんなイメージを込めました。

教育県から学習県へ

――子どもの貧困対策として特に教育に力を入れているということでしたが、長野県は「教育県」というイメージがあります。そのプライドもあるんでしょうか。

阿部　県外の方は今でも長野県を「教育県」と言われますが、実は、県民の中には「もう教育県とは言えない」と思っている人がたくさんいるんです。私自身は、まだ教育熱心な県民性は残っていると思っています。全国学力テストの成績は中位くらいですが、もうちょっと広い意味での教育、つまり社会教育や公民館教育、今で言う生涯教育活動は活発です。市民大学といったものも各地にある。お年寄りの教育意識はきわめて高い。ただ、このままではいけないとも思っています。

実は私は、これからは教育県から学習県に転換すべきではないかと思っているんです。教育はどうしても「他者から教えてもらう」というイメージが強い。対して、学習は主体的です。長野県は一人ひとりの県民が中心になって自ら学んでいく環境をつくっていきたい。それを県としてもサポートしたい。そう考えると、従来型のテストで何点とれるかという意味での「教育県」よりも、自ら学び、家庭・地域・企業の中でさまざまな役割を自ら探し出していく〝一人多役〟の人材になるような「学習県」と言うほうがしっくりくる。

たとえば就学前の段階では「やまほいく（自然保育）」に力を入れています。これは、全国的には「森のようちえん」と呼ばれているものですが、長野県では「やまほいく」と言っています。信州型自然保育認定制度を作り、二〇一五年度で七二の幼稚園・保育園等を認定し、後押ししています。やまほいくの特徴は、屋外での体験活動を積極的に取り入れることで、子どもの好奇心や創造性をはぐくむ点にあります。子どもが自己肯定感や耐久力、主体性といった「非認知的スキル」を身につけるためには、早い段階からそれを意識した教育を行うことが必要とされていますが、やまほいくは、それを実践しています。これは、近年国が強調している「アクティブ・ラーニング」の理念とも合致しています。長野県は二〇一九年度末までに二三〇園以上の認定を目標としています。

同時に高等教育にも力を入れていくために、県立大学を設立します。実は、長野県は人口あたりの高等教育機関受け入れ人数がとても低く、全国最低レベルです。長野県では、高校を出れば県外に行くのがあたりまえとなってしまっています。もちろん、県外に出ていく子どもたちも応援しますが、地元を元気にしていく上で大学は重要な資源です。実際、長野県にある大学は、信州大学、長野大学、松本大学、いずれも日本経済新聞社の「日経地方創生フォーラム」で優秀校に選ばれるような、積極的な産官学連携や地域貢献を行っています。こうした長所をさらに伸ばすために、新しい県立大学の創設だけでなく、地域との連携を推し進め、知の拠点としての大学への支援を強化する高等教育支援センターも開設しました。

かつては高等教育は文科省マターだという意識が強かったので、ここまで踏み込んでいる自治体は少ないかもしれません。その点、長野県は危機感を持っています。子どもの貧困対策として、大学奨学金の問題に踏み込んでいるのも、こうした学習県を軸とした全体ビジョンがあるからです。

学習権保障としての子どもの貧困対策

――なるほど。広く子どもたちに学習権を保障していくというビジョンの中で、貧困家庭の子どもたちが排除されないよう、子どもの貧困対策が位置づけられているわけですね。

阿部　いろんな境遇にある子どもたちに広く学習権を保障していくことも、「学習県」の重要な要素だと思っています。行政として考えるべきなのは、貧困の連鎖をなんとか断ち切らないといけないということです。機会の平等、チャンスは誰にでも開かれていないといけない。

冒頭にご紹介したアンケートにもはっきり表れていたように、子どもたち自身が教育に強い危機意識をもっています。そのことを真剣に受け止めて、教育費をどうしていくか、いわゆる低所得家庭や、施設で育った子どもでも自分の夢にチャレンジできる環境をつくる。まだまだ十分ではありません。教育費負担の軽減は国にも提言していきますし、長野県としてできることは着実に進めていきます。同じ発想をもつ知事仲間と、ともに「日本創生のための将来世代応援知事同盟」も作っています。子どもの貧困対策は、そこでも重要なテーマとして打ち出していきたいですね。

14 「夏休み、体重の減る子がいる」に気づいた校長のしたこと

アパートの二DK

そのアパートに着いたのは、午後五時半だった。紀子《のりこ》さん（仮名）は、ちょうど洗濯物を取り込んでいた。「仕事から帰るのが五時半」と聞いていたから、ちょうど帰ってきたところなのだろう。小さな玄関で出迎えてくれた紀子さんは、Tシャツに短パンという部屋着に着替えていた。

食材や台所用品が詰められた段ボール箱を持って部屋に入る。六畳のリビングと四畳半の寝室、それに六畳程度のキッチンがついた二DK。モノがないので広く感じる。真新しい冷蔵庫の脇に段ボールを置く。リビングのソファの上では、アッシ君（仮名）が体育座りをして、ゲーム機をいじっている。あいさつすると、ちらりとこちらを見るが、返事はない。緊張している様子だ。

小一生徒の体重を支える食材支援

紀子さんは三一歳。小学校一年生のアッシ君と二人暮らしの母子家庭。私はそこに、NPO法人フードバンク山梨・理事長の米山《よねやま》けい子さん、スタッフの望月《もちづき》千《ち》紘《ひろ》さんとともに訪れた。

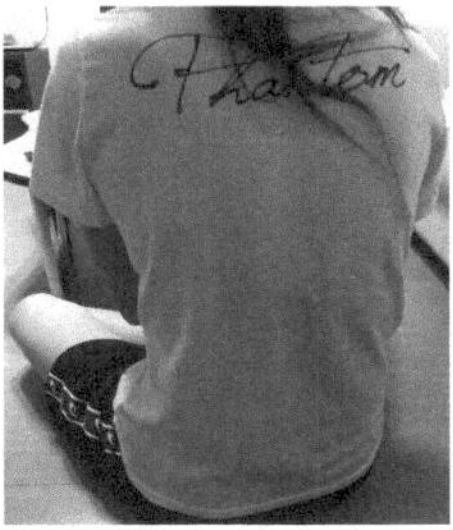

時間給×フルタイムで
働く紀子さん

「ほんっとーに助かっています」と紀子さん。フードバンクの食材支援に対する感謝を口にする。紀子さんは、フルタイムで働いている。そのため、アッシ君は日中を児童館で過ごす。学校と違って、児童館には弁当を持たせる必要がある。おやつの時間用のお菓子も欠かせない。紀子さんはフルタイムで働いているが、時給制だ。手取りは月額一

フードバンク山梨の食材支援

二万円程度。毎日のお弁当づくりに、フードバンクの食材支援がありがたい。それが、アッシ君の「体重」を文字通り支えている。

紀子さんがこの夏に食材支援を受けたのは、フードバンク山梨の「こども支援プロジェクト」に参加したからだ。夏休みの子どもたちの食を支える取り組みだ。

フードバンク山梨は「セカンドハーベスト・ジャパン」と並んで、全国各地のフードバンクの中心的存在の一つ。米山さんは「全国フードバンク推進協議会」の代表でもある。そのフードバンク山梨がこの夏、山梨県中央《ちゅうおう》市と連携して始めたのが、このプロジェクトだ。宅配による食材支援を中心としつつ、子どもたちの学習支援や夏休みイベントも行う。

「給食のない夏休み、体重の減る子がいる」と、帯に記した『子どもの貧困白書』（明石書店）が出たのは二〇〇九年。まだ当時は「子どもの貧困」は今ほど問題になっておらず、この帯文が話題になったのも、関係者の中だけだった。あれから八年。子どもの貧困に対する社会の注目度は高まり、この事実も多少は知られるようになった。

しかし、夏休み中の子どもたちの食について、取り組みが思うように進んでいないという話もよく聞く。課題の一つが、学校と外部機関の連携だ。

学校もSOSの出し方がわからない

子どもたちが暮らす世界は、第一に家庭、第二に学校、第三に地域。家庭で十分な養育・教育を受けられず、また親が上手にＳＯＳを出せない場合、子どものサインをキャッチするのは、多くの場合、学校となる。

しかし学校は「主に教育の場」であり、また「すべての子に公平に接すべき場」。個人情報の壁もあり、簡単に子どもの情報を外部に出すことはできない。かといって、先進国一の長時間労働をしている教師たちに、これ以上の負担を求めるのも現実的ではない。自分では抱えられないのだが、外部にＳＯＳも求めない／求められない。ＳＯＳを出せない／出し方のわからない親と同じ構図が、教育現場にもある。そしてその狭間《はざま》に、困難を抱えた子どもたちが落ち込んでしまう。

しかし、ＳＯＳを出せない親や学校を叩《たた》いたところで、困難を抱えた子どもたちが救われるわけではない。相手を意固地にさせて、逆効果になることさえある。だから全国の実践家たちは「叩く」のではなく「支援する」ことを通じて、親や学校と関係を築き、子どもに至る通路を開いてきた。結局は、そのやり方が一番効率的で、効果的だから。

だが、子どもの貧困に関して、学校が外部機関とうまく連携できている例は、まだまだ少数だ。『子どもの貧困白書』の前年（二〇〇八年）に発足したフードバンク山梨は、行政機関等との連携を積み重ね、この課題に取り組んできた。

校長のリーダーシップで実現

六月、アッシ君が自身の通う田富《たとみ》小学校から手紙を持ち帰った。校長からの手紙には「フードバンク山梨　こども支援プロジェクト」に関する資料と「食品配送申請書」が同封されていた。

紀子さんは「フードバンク山梨」という団体は知らなかった。だが、子どもが学校から持ち帰った校長名の手紙を怪しむことはなく、行政による母子家庭向けの支援なのだろうと思った。元夫からの養育費がなくなり、亡くなった父親の葬儀で貯金が目減りしていた紀子さんは、申請をした。夏休み、クロネコヤマトがフードバンクからの食材を届けるようになった。

学校は、どうしてこの取り組みに協力するようになったのか。リーダーシップをとったのは、田富小学校の内藤和久《ないとうかずひさ》校長先生だ。

内藤校長と田富小学校の縁は深い。まずは、ご自身が田富小の卒業生だ。教員として赴任したこともある。教頭もここで経験した。自分の子どもたちも田富小に通った。親としてPTAの役員もした。そして今、田富小の校長になっている。田富小を愛してやまない内藤校長が協力を決めた理由は、こうだ。

内藤校長の気がかりは、近年、日系ブラジル人の子どもたちが多く入学・転入してきていることだった。田富小には、約六〇人の外国籍、または外国籍の親をもつ日本国籍の子どもたちがいて、生徒全体の六分の一を占める。そのうち一五名は、日本語がまったくできない。経済的に厳しい家庭も多い。田富小には、日本語指導の加配教員一名、ポルトガル語通訳者一名が配置されているが、それでもこの間の増加に追いつくのが手一杯だ。

そんな子どもたちのことが気になっていた内藤校長は、中央市内の校長先生が集まる会議(「八校会」)で「こども支援プロジェクト」の話が出たとき、真っ先に賛同した。「ぜひ、うちでやってほしい」と。困窮家庭の中には、困っていても、困っていることに触れてくれるなという雰囲気を出す家庭がたくさんある。だから、家庭に受け入れられるか不安がなかったわけではない。しかし、もはやそんなことは言ってられない状態だとも感じていた。他の校長先生たちも反対はしなかった。

内藤校長は就学援助を受けている家庭に「こども支援プロジェクト」の説明文を渡した。利用者は日系ブラジル人家庭が多いはずだったから、ポルトガル語版も作成した。それがアツシ君を通して、紀子さんに届いたのだった。

〝つながる〟ことも公立学校の役目

夏休みを迎える前、内藤校長は教師たちにあるお願いをした。「電話一本でいいから、気になる家庭に連絡をしてやってくれ」

いま、子どもたちの家庭環境は多様化している。ひとり親家庭も少なくないし、両親がいても失業している家庭もある。総じて、しんどい家庭は孤立している／孤立しがちと感じる。それでも、子どもたちは学校に通ってきている。学校に通ってきていること自体が、地域・社会との重要なパイプだ。公立学校は、そのパイプを生かすべきだと思う。

だから、厳しい家庭を、食材支援を始めとするさまざまなサービスに〝つなげる〟だけでは足りない、と感じる。「〝つなげる〟だけじゃなくて〝つながる〟ことが大事」と内藤校長。「だって、ここ（田富小）に通ってきているのは、地域のあらゆる家庭環境の子どもたち。自分たちからは言ってこなくても悩み事を抱えているかもしれない。だったら〝つながる〟ことも、公立学校の役目ではないか。選んでくる私立学校じゃないんだから」と。

公平に言って、内藤校長は「よい校長」だ。アンテナも高く、センスもある。子どもたちのために、学校としてできることを追求してきた。しかし「こども支援プロジェクト」への申請結果は、その内藤校長でさえ、予期していないものだった。

想定外の反応

まず、申請者。三分の二が紀子さんのような日本人家庭からの申請だった。「日本人がこんなに多いとは思っていなかった」。次に、その数。実際の申請数は、内藤校長の想定の六倍にのぼった。「まさかそこまでいっているとは」「私たちの目に見えている部分は非常に少ないんだな」と内藤校長は痛感した。

これまでも厳しい子はいたし、対応もしてきた。ただそれは、登校してこられなくなるほどに本当に厳しい状態になった子たちだった。そうなると、自分たちのような管理職も家庭訪問に行く。声をかけても出てこないとか、部屋がすさんでいるとか、そこには「わかりやすい厳しさ」があった。しかし通常の家庭訪問では、ほとんどの家庭はがんばって掃除をして待っている。いわば「よそゆき」の状態で、先生たちを迎え入れる。「フォーマルな形の家庭訪問だけだと、実態をつかみきれないのかもしれない」

中央市の就学援助率は二二％。全国平均一五・四％（二〇一四年）に比べれば高いが、東京二三区の就学援助率が二二・三％（二〇一三年）であることを考えれば、突出して高いわけではない。それでも夏休み中の「こども支援プロジェクト」にそれだけ多くの家庭が申し込んだ。

「私自身が気づかなかったように、みんな気づいていないんじゃないか」「まさかそこまでいっているとは思っていないんじゃないか」――内藤校長は、全国の校長たちがかつての自分と同じように思いこんでいるのではないかと心配する。それだけ〝貧困の見えなさ〟は手強い。

きっかけは教育長

「見えていないもの」を「見る」のは、本当に難しい。なぜなら本人は「見えているつもり」だから。「見えていないかも」という疑問が、そもそも出てこない。内藤校長でさえそうだった。そして、ひとりの校長、ひとつの学校が単独で踏み出すのは、率直に言って難しい。だからきっかけが重要だ。内藤校長にとってのきっかけは「八校会」での「こども支援プロジェクト」の取り組み紹介だった。

この紹介は誰がしたのか。中央市教育委員会のトップである教育長だった。「お堅く、融通が利かない」と言われがちな教育委員会のトップがなぜ？　中央市の教育長・田中正清《たなかまさきよ》氏に聞いた。

田中教育長の返答はシンプルなものだった。「行政が乗りやすいスキームだったからです」。どれだけすばらしい提案でも、必要な子どもの名簿を渡してくれと言われたら、それには応じられない。フードバンク山梨の提案は、対象家庭の子どもたちに「こども支援プロジェクト」の申請書を渡すというもの。対象となるのは、基本的に就学援助制度の利用家庭だ。申し込むかどうかの判断は、その家庭に任される。行政は、いわば橋渡しをしているだけ。「行政に責任がくるわけじゃないから乗りやすい」と田中教育長は笑う。

他方、柔軟に教師の判断に委《ゆだ》ねた部分もある。六月の段階では今年度の就学援助利用家庭は確定しておらず、昨年度のリストしかない。そこで対象を「昨年度の就学援助利用家庭」および「教師が必要と感じる子ども」とした。毎日子どもと接している先生が必要じゃないかと思うのなら、渡してもらってかまわない。いらなければ、そのご家庭が申請しなければいいだけ。「行政がやるとすれば厳密な線引きが必要だが、ＮＰＯがやることなので、そこはグレーゾーンがあってもかまわない」

しかし、そのような提案にすら応じてくれない教育委員会はある。そう聞くと「その感覚がまったくわからない。まったく理解できない」と田中教育長はにべもない。田中教育長のやり方は、相手がＮＰＯでも警察でも一緒だ。提案を受けたとき、それが無茶でなければ、八校会に来てもらう。説明を聞いて、判断するのは各学校だ。教育長は、やってくれともやめてくれとも言わない。疑義が出れば、納得できるように修正してもらえばよい。教育長の役割は、最低限の前裁きをしたうえで、双方をテーブルにつけること。

シンプルだが、納得感の出やすい方法だ。学校にしても「教育委員会に押しつけられた」感が出にくく、NPOにしても「はっきりした理由もなく、はねつけられた」感が出にくい。

実現に至る道順を思い描く

「どんなことでも、物事を仕上げるためには実現に至る道順というものがあり、それを間違えると、できることもできなくなる」と田中教育長。田中教育長は、長い行政職キャリアを総務・教育委員会・議会事務局の三部局で積んできた。高い調整コストのかかる案件を抱えやすい部署だ。だから、物事の進め方はわかってきているつもりだ。何かを始めるときには必ず「何をどうすればできるのか」の道順を思い描く。もしかしたら、全国で協働の成功例が少ないのは、働きかける外部も受け止める教育委員会や学校も、その道順を描き切れていないからなのではないか。

田中教育長のこの指摘は重要だ。NPOの人たちは〝思い〟で動く。自分たちが〝思い〟で動いているために、相手に対する評価尺度も〝思い〟になりがちだ。自分たちの提案が受け入れられないと「相手は〝思い〟がないのだ」と。しかし行政マンは、〝思い〟があっても動けない場合がある。公平性と適正なプロセスが伴わなければ、「〝思い〟はありました」と言っても誰も許してくれない。そのため、なされた提案を「公平性と適正なプロセスが担保できるか」という評価尺度で検討する。双方の評価尺度の違いが、せっかくの「善いこと」の実現を阻む。

だとしたら、双方の評価尺度をすり合わせればいい。ＮＰＯは、自分たちの〝思い〟を、公平で適正なプロセスに乗せる方法を考える。行政は、公平で適正なプロセスに、ＮＰＯの〝思い〟を乗せる方法を考える。自分の論理だけでなく、相手の論理も理解した上で、双方の接点を探る努力をお互いが示せば、両者の目線が合ってくる。「実現に至る道順を思い描く」とは、そういうことだろう。

物事を一ミリでも進めようとすれば、「わかってくれ」だけではなく、相手の論理と重ね合わせる覚悟を決めるしかない。仮にそれを「妥協」と非難されようと。なぜなら、実現しなければ、結局取り残されるのは子どもたちだから。そこを何とかしようとして活動しているのだから。

「助けられた経験」がなくても……

最後に。内藤校長に、全国の学校関係者へのメッセージを聞いた。「こんなふうに見ると、見え方が変わるかもしれませんよ」というものがありますか、と。少し考えた後、内藤校長は「助けられた経験がないと、わからないかもしれませんね」と言った。

内藤校長には「助けられた経験」があった。一六歳で父親を亡くした。母親はもちろんがんばったが、親戚《しんせき》もいろんな面で助けてくれた。県職員だった父親の遺族年金もありがたかった。たまたまその時期は高度経済長期だったので、小さかったが田んぼが二枚、企業に売れた。自宅から通える範囲に教員養成系の大学があり、費用が安く抑えられた。給付型奨学金を受けた。貸与型奨学金も受けたが、そこにも教員になると返還を免除する制度があった。大学には、成績ではなくて、経済的厳しさを対象とする授業料減免制度があった。そのため自分にはお金がかからず、田んぼを売ったお金は、私立大理系に進んだ弟のために使えた。「私たちを守ってくれるものが、当時は地域の人たちにも、国の制度にもあった」。だから、なんとかやってこられた。「私自身のそういう経験がある。人は助けられて生きることを知っている」

でも、こうも思う。「私と田富小ほどには縁の深くない人でも、校長であれば誰でも、自分の学校と子どもたちを愛しているはずだ。私のような経験がなくても、人に支えられた経験が人を支える子どもを育てることはわかるはずだ」

　ＳＯＳの出せる学校が、子どもにＳＯＳを出していいんだと感じさせる雰囲気をつくるのだろう。

15　四億円を寄付した会長の「危機感」

巨額寄付

　二〇一六年七月一四日の朝刊各紙の首相面会人一覧に、見慣れぬ名前が載った。「河野《こうの》経《つね》夫《お》」。第一住宅という会社の代表取締役会長。この人が首相官邸を訪れたのは、政府が主導する「子供の未来応援基金」に対する巨額寄付が理由だった。その額、四億円。「あるところにはあるもんだなあ」と思った人もいるかもしれない。しかし、河野さんの寄付行為は強い危機感に裏づけられた、より切迫したものだった。その危機感とは何か。埼玉県川越《かわごえ》市にある第一住宅本社にて、お話をうかがった。

寄付は一分で決めた

――四億円もの寄付を即決されたと聞きましたが、本当ですか？

河野　本当にあっさり決めたんです。家内が「おとうさん寄付したら？」というから、私が「いいね」と。一分で決めました（笑）。

実は、私の会社は同族会社でしてね。会社の純資産は九〇億円なんですが、息子も継ぎませんので、そのうち二〇億円で持ち株会をつくって、みんなの会社にしようと。そういう趣旨で株を処分したので、それで寄付しようと決めたんです。税金を払いながらコツコツ貯めたお金を寄付したわけじゃないんです。そこまでのお金はない。臨時収入ですよ。

私たちの会社がここまで来られたのは社会のおかげです。社会のおせわになったわけだから、社会のお役に立ちたい、と。

「子供の未来応援基金」に決めたワケ

――にわかには信じられませんね（笑）。

河野　本当ですよ（笑）。ただ、どこに寄付するかは、かなり慎重に調べました。名前を出すのは控えますが、よく知られているところでも、ダメなところはいっぱいあります。寄付を集めるべき団体が政治家に寄付したりとかね。調べているうちに出会ったのが「子供の未来応援基金」です。これは、基金すべてを子どもの福祉のために使います、と。事務費は、すべて事務局の日本財団が負担します、と。これならいいかな、と思ったんですね。

ところが、政府が提唱して始めたものだけど、半年で二億円しか集まっていない、と。個人・団体から寄付を募って、経団連にも一生懸命営業しているらしいんですけどね。寄付すると、自社広告に応援基金のステッカーが貼れる。それでもそれしか集まっていない。内閣府の方が来られたので、聞いたんですよ。そしたら「目標は二億五〇〇〇万円です」と。でも、トヨタの利益は二兆五〇〇〇億円ですよ（笑）。……いや、他人のことはどうでもいいんですが、それで私、少しでも起爆剤になればと思いましてね。

それでも心配ですからね。お金の分配を決める委員の方たちの顔ぶれが決まるまで待った。審査委員には、企業の人が五人、行政から二人、学識経験者が二人。これなら大丈夫かな、と思いましてね。それで決めました。自分なりに精査したつもりです。私だって中小企業のオヤジですからね。個人で四億円出すのは容易なことじゃないんですよ（笑）。

不労所得が増えてもロクなことはない

――臨時収入とおっしゃいましたけど、それでも会社を育て、積み上げてきた末の四億円ですよね。

河野 それはそうですけどね。でも、私も今年で七五歳。もうそんなに先も長くないですからね。永遠に生きるなら、寄付もしなかったかもしれませんけど（笑）。使う分だけあればいいんで、使えないほど持っていてもしょうがない。死に仕舞いをしなきゃいけません。

――お子さん、お孫さんに譲ろうとは思わなかったんですか。

河野 息子が一人、娘が二人、孫が一人おりますけどね。子どもたちも賛成してくれましたよ。子どもたちにまったく残してないわけじゃないんです。それなりに計画的に株を譲ってきました。でも、必要以上に譲ってもね。いかに我が子とはいえ、不労所得が増えすぎたらロクなことはありませんよ（笑）。

――「子供の未来応援基金」に決めたのは、やはり子どもですか。

河野 子どもは未来の宝です。じいさんばあさんばかりになっては、地球は崩壊するでしょ（笑）。子どもを増やすべきです。でも今は六人に一人の子どもがプア（貧困）だと言うんでしょ。勉強のできる子どもばかりが宝じゃないが、それでも高校とか大学とか、行けるなら行かせてあげたいですよね。ひもじい子どももいるんでしょ。そういう子どもたちにご飯を食べさせる「こども食堂」もあるとか。三〇〇円とかで食べさせるらしいですね。私にはできないが、そうやって社会貢献している人たちがいっぱいいる。その人たちの力になれればいいな、と。ひもじい思いをしているなら、おなかくらい満たしてあげたいじゃないですか。

「政治には、もっと長期的な観点が必要」

――でもそれは、国が税金でやるべき仕事だという人もいますよね。

河野　これは安倍《あべ》総理にお会いしたときにも申し上げたんですけどね。厚労省の外郭団体（国立社会保障・人口問題研究所）によれば、日本の人口は二一一〇年に四二八六万人まで減ると言っていますね。このままいったら、この国は大変ですよ。終わりますよ。人口減少で未来がないとなれば、円の信認も下がるかもしれない。国債が暴落するかもしれない。このままいったら、デフォルトになるとか、預金封鎖があるとか、そういうことがありえると私は危惧しているんです。そういう危機的状況なのに、五七兆円の収入で九七兆円の生活をしている。持続可能性がないですよ。学者さんの中には、大丈夫だって言う人もいますけどね。私は心配です。

それなのに、消費増税を二年半延期してしまった。選挙に勝つためでしょうが、どうしてこういうことをやるのか。安倍総理には力があるんだから、任期を延ばしてでもやってほしい、と申し上げました。

そもそも日本の総理は短命にすぎます。サミット（主要国首脳会議）は一九七五年以来これまで四二回開かれていますが、フランス大統領は五人、ドイツ首相は四人、アメリカ大統領は七人です。それに対して日本の首相は二〇人です。これではいい仕事はできません。アメリカの自動車会社GMが経営破綻したのは、経営者が一期ごとの利益に汲々《きゅうきゅう》としすぎたからですよ。日本の自動車会社は、より長期的にものづくりを磨き、力を蓄えていった。アメリカはそれを恐れています。

でも、政治はその反対です。すぐに変わってしまう。安倍さんだって、借金を減らしたわけじゃない。国債の増発を減らしただけです。政治は、もっと長期的な見通しをもって、もっとまっすぐに進むべきものだと思うんです。でも、政治の力だけでは、それはできません。その意味では、安倍さんも悪いが、国民も悪い。

国民運動が必要

河野　子どもは放っておけば育つんだと言う人もいます。でも、誰がプア（貧困）にしたのか。政府の責任です。中流層がものすごい勢いで減っています。これってまさに、小泉《こいずみ》構造改革がまずかったと思うんです。でも、小泉構造改革をやったから、日本のモノづくりががんばれた。悪いことも、良いこともあった。

でも、悪い面の手当てが十分なされていません。だから政府の責任でフォローすべきです。でも一一〇〇兆円の借金があります。政府だけではできません。それには、私たち国民にも責任があったと思うんです。国民による運動が必要だと思います。でも、私にそんな力はありません。私にできることは、せめて寄付をすることぐらいです。

寄付の連鎖に期待

――河野会長の周りには、そのような思いを抱いている方が多いんですか。

河野　多くはないですね。私はどこでも、このままいったら大ごとだ、と言っています。みんな「そうだな」と言ってくれるんですが、なかなか行動は起こしてくれません。このままでは大変だ、そのためには子育てだ、と言っているんですが、広がらない。私に説得力がないんでしょう。

でも、こんな話もありました。ウチの社員が行っている病院の医師が「おたくの会長は立派なことをやられた。私もやろうかと思っている」と言ったというんです。そういう人もいます。だから、広がっていくことに対する期待を捨ててはいません。

アメリカに行ったとき、テキサスである家族に会いました。親子で三Ｄプリンターを作る小さい会社をやっている。子どもの教材やおもちゃに使いたいと言っていました。三Ｄプリンターなんて、もう世界中で普及してしまっている。それでもその家族には一億円の資金が集まったというんですね。アメリカにはそういう文化があります。日本にはそういう文化がありません。それを変えていく必要があると思います。できたら、私の寄付が呼び水になって、連鎖が広がってくれるといいですね。

また言っちゃいますが、トヨタの利益は二兆五〇〇〇億円ですからね。四億円なんて、トヨタから見れば私の一円くらいでしょう（笑）。経団連がその気になれば、すぐに数十億円くらい集まると思うんですよね。だいたい企業がやれば経費ですから。私みたいな個人はそうはいかない（笑）。

立派なことなど言えないが

――最後に、今の子どもたちに一声かけるとしたら。

河野　立派なことなんて言えませんねえ。でもやっぱり、がんばったら未来は開けるよ、と言いたいですね。できたら、横道にそれず、前向きに努力してほしい。素朴にそう思いますね。そのために、私のお金が少しでも生きてくれれば、ありがたいです。

16　高卒者大歓迎　DMM会長が始めたアカデミー

会長の「不満」

　DMMドットコムの亀山敬司《かめやまけいし》取締役会長は、最近不満に思っていることがある。若手社員がお利口すぎて、面白くない。「良い子すぎて、ガツガツ感がない」

　会社はアダルトビジネスでの安定的な収益を原資に、次々と新規事業を始めている。FX（外国為替証拠金取引）、オンライン英会話、三Dプリンター事業などで成功も収め、IT分野では五本の指に入る人気企業となった。一流と言われる大学からの就職希望者が増えた。

　大学卒はもちろん優秀だ。利口でソツなく仕事をこなす。ただ失敗や恥をかくことをおそれる。会社内がそういう種類の人間ばかりになることには不安も感じる。そこで考えついたのが、高卒者向け「DMMアカデミー」の創設。亀山会長が目指すものは何なのか。ご本人に聞いた。

きっかけはトランプ

――高卒者向け「DMMアカデミー」は、アメリカ大統領選がきっかけと聞きましたが。

亀山　トランプが勝ったのは、アメリカの格差の問題が大きいと思うんだ。多少の格差はいいんだ。でも大きすぎると、諦めるかヤケっぱちになるしかない。今の日本も、他人事じゃない。このままだと貧乏人の子は貧乏になるしかない。「カネがなくても学べる仕組みがないかな」と思ったんだよね。それにアメリカみたいに異質なものを排除していく傾向が強まるなら、今後は成長しないだろう。短期的には株価が上がるかもしれないけど、このまま内向きになっていく世の中が、良くなるとは到底思えない。

いろいろいたほうが面白い

――異質なものを排除しないという考えから?

亀山　異質なものが好きでね。業種だけでなく働く人も。学歴でも最近ではハーバードや東大などエリートが増えたけど、オレは専門学校中退で、幹部連中も高卒が多い。外国人もアメリカや先進国だけじゃなく、中国系やアフリカ系の人たちを積極的に雇ってる。LGBTも増えてるし、気合いの体育会系もいれば、プログラミングばかりやっているオタクもいる。いろんなキャラのヤツらが交じり合いながら、一緒に仕事をしている。「いろいろいたほうが面白い」というのが実感としてあるからね。ついでに、いろんな学校があってもいいよねと。

面白い才能のあるヤツはたくさんいるはず

――なぜ高卒を入学させたいのですか？

亀山　最近入った大学新卒に聞くと、奨学金の返済が大変だと言う。奨学金ってもらえるものだと思ってたから、びっくりした。「え、返すの？」って（笑）。そんなにお金がかかるなら、大学進学を躊躇《ちゅうちょ》する高校生もいるだろう。世の中には、家にお金がなくて大学進学が難しい人や、頭がよくても学校になじめない人もいるだろう。でもそんな連中の中にだって、面白い才能のあるヤツはたくさんいるはずだと思ってね。

立派な学歴がなくても、ビジネスができるようになるヤツはたくさんいる。うちではビデオレンタル店の高卒店員に「これからはＩＴだ」とか言って勉強させてきた。初めて「ネットビジネスの本読んで勉強しろ」って言った時には、ネットワークビジネスの本買ってきたりしてたけどね。「違う、それじゃない」って（笑）。でも、その後は実戦で力をつけていってゲームやＩＴを仕切る役員になってる。だから、社会に出てからの教育次第で人はドンドン育つとオレは思っている。

何かハマるものが見つかればいい

――アカデミーということは、学校の授業みたいな？

亀山　いや、教科書はないよ。働きながら学んでもらう。働く中でしか学べないことも多いからね。だから給料も月額三〇万円出すよ。地方からも来られるように、保証人とか困ることがあれば、それも手伝う。

――カリキュラムの中身は？

亀山　ウチの強みは社内に多様な業種があること。ＥＣ（電子商取引）サイトやゲームアプリ、英会話や太陽光発電などいろんな仕事がある。それらの部署で、営業や経理やプログラミングなどをいろいろ回ってもらって、何かハマるものが見つかればいい。

秋葉原《あきはばら》にはものづくりスタートアップ支援拠点になっているＤＭＭドットメイク・アキバというのがある。最新機材をそろえて、大企業も含めたものづくりのハブになってる。そこから次のアイフォーンやロボットが出てくれればと思ってやっている。そこを活用してもらってもいい。

フィリピン支社くらいなら

――仕事だけですか？

亀山　社内での勉強会もいろいろやっている。優秀な経営者や専門家も来るから、そこに参加してもらえばいい。ビジネスイベントなどにもボランティアで派遣するつもりだ。いろんな業界の人との新しい出会いがあるからね。途上国とかも見といたほうがいいから、フィリピン支社くらいなら行かせられるかもしれない。アフリカはカネがかかるからちょっとキツいけど（笑）。

――給料が出るなら、就職？

亀山　それもちょっと違うかな。ふつうに就職したら研修は一〜二か月で、あとは決まった部署に配属されて徹底的にその部署の仕事を教え込まれる。でもアカデミーではいろんな業種を経験してもらいたいから、二〜三か月くらいの単位で職場を変わってもらう予定。だから会社としては、作業ぐらい出来ても、ほとんど戦力にはならないと思う。それに、そもそも二年で卒業だしね。

給料を支払う以上は

――もう少し詳しく教えてもらえますか？

亀山　一般社団法人をつくるので、そこで雇って、そこからDMMグループの会社に出向させる形をとる。生徒とは一年更新の社員契約。そうやって二年間働いて、認めたヤツにはアカデミーの卒業証書を出すけど、世間的には学歴にも資格にもならないからね。本当の意味で実力をつけないと意味がない。そのあとは、DMMに就職してもいいし、他社に行ってもいいし、起業してもいい。もちろん、なるべくみんなに残って欲しいけど、DMMが採用するか、本人がそれを希望するかはそれぞれの自由だ。

ざっと計算して、卒業までの二年間で一人一〇〇〇万円以上はかかるだろうから、最初は無理せず一〇~二〇名くらいから入れて、増やしていくつもり。その意味では、就職というよりは学びの延長だけど、給料を支払う以上は学生気分では来てほしくない。ムダなんじゃないかと思うこともやってもらう。

――大胆ですね。

亀山　どこまで勉強して、何を身につけるかは本人次第。会社としては結果にコミットしない。学ぶヤツは学ぶし、ダラダラと済ますだけのヤツもいるかもしれない。夜にやる勉強会も残業じゃないので自由参加。強制はしない。

大学に行けなくても、大学とは違うチャンスを提供したい。そういう意味では、ある種の専門学校かな。でも、何にハマって、何がやりたくなるかは人によって違うだろうから、最初から「専門」は決めないけどね。専門のない専門学校。「専門ない学校」だな（笑）。

「投資です」って言っておきたい

――この事業は会長にとって社会貢献ですか、投資ですか？

亀山　う〜ん……。それがなんともねえ。最初は社会貢献っぽい話から始まったんだけど、やっぱり「投資です」って言っておきたいかな。民間企業だからね。投資と思わないとやってられないところはある。会社の立場的にもそうだし、入ってくる連中も投資と言われる方がいいんじゃないかな。結果として、卒業生がウチの会社に入って力を発揮したり、他社でもひっぱりだこになれば、いろいろ広がって、それが成功モデルになるんじゃないかな。

成功させるためにも、途中で入学資格を広くした。もともとは一八歳・高卒・貧乏限定だったのを、一八〜二二歳にした。高専卒とか大学中退もアリにね。貧乏も、定義が難しいのでナシにした。だから一八〜二二歳までなら誰でもＯＫ。

一〇年くらいはかかるだろうけど「ＤＭＭアカデミーで学んできたヤツはヤバい」と言われるようになりたいね。有名大学出るよりも就職率よくなったりしてね（笑）。オレは実業家だから、社会事業であってもカネが回る仕組みにしたい。同情だけでは続かないからね。

愛情を受けて育った子を

——どんな人材を求めていますか？

亀山 学歴とか、家が金持ちか貧乏かとか、国籍とか人種とか、一切関係ない。ただ……こう言うと世間から叩かれるかもしれないけど……。

——けど？

亀山 やっぱり、愛情を受けて育った子を入れたいね。

——……ご経験がないと言えない条件ですね。

亀山 オレの仕事は、露天商から始まって、飲み屋、雀荘《ジャンそう》、フルーツパーラー、旅行代理店、ビデオレンタル屋、アダルトビデオ……と、なんでもやってきた。だから、ウチには結構いろんなヤツがいた。いわゆるＤＱＮ系（ドキュン。常識や品位に欠ける人たちを指すネット用語）もいっぱいいたよ（笑）。

そんな中で、あくまでオレの経験だけど、幼い頃から愛情を受けられなかったヤツは、何度も人を裏切ることがあった。何度も人を裏切る。店の金盗んだりして許しても、しばらく経つとまたやる。どこまでなら自分を許してくれるんだろうって試してくる。まぁ、親への絶対的愛情を求めてくる感じなんだ。

——大変でしたね。

亀山　クビにした後でも、たまに飲むヤツもいる。仕事は一緒にできないとしても、元は仲間だし気になるからさ。中にはそいつにとってオレが一番の友だちなんじゃないかと思えるのもいる。でも、それでもオレのことも最後までは信用してないっぽいんだよな。どこか心の奥の方で「こいつもそのうちいなくなる」と思ってる。そこらへんってどうしても無力感を抱くところがあってね……。

それが大事なのはわかっているが……

――おっしゃること、よくわかります。

亀山　その闇には、オレごときでは手が届かない。ましてや現場の社員が下手に触ればヤケドすることもある。だから、親でも、ばあちゃんでもいいから、愛情をいっぱい受けているヤツがいいなあ。人が好きで、自分が好きなヤツ。世間を怨《うら》み「見返してやりたい」じゃなく、自分を許して、心が安定しているヤツ。そういう人に、アカデミーで「生きる力」を身につけさせたい。「生きる力」には当然「稼ぐ知恵」も入ってくるからね。世の中を怨んでいるヤツが「稼ぐ知恵」だけを身につけちゃうと、厄介なんだよ。

昔、ヒネくれたヤツに権力を与えたばっかりに、多くの人に迷惑をかけた痛い経験もあるからね。その闇の深さに手をかけることが大事なのはわかってるけど、今は無理だな。一期生が良くないと、二期生、三期生に与える影響も大きいしね。やれるところからやる。それがオレの主義。だから今のところは無理なく、素直なヤツ限定でやってみるよ。

――でも、会長にはいつかその領域にも手をかけてほしいですね。

亀山　いつか、ね。

尖ってて面白いヤツ、募集

――どうやって選考しますか？

亀山　難しいよね。家庭訪問でもしようかなって考えているところ。とりあえず最終面接はオレがやろうと思ってる。今は各部署に任せているんだけど、今回はさすがにオレがやるしかないかな、と。それでも判断は難しいだろうけどね。今年はさすがに学校推薦は受けられないだろうけど、推薦は大歓迎。湯浅さんの周りに誰かいいヤツいない？　尖《とが》ってて面白いヤツ、推薦して（笑）。それから、ついでに客員講師にもなってくれない？

――わかりました（笑）。あたってみます。募集はいつからですか？

亀山　ＤＭＭアカデミーのホームページを開設して、今年度（一六年度）から採る。時間がなかったから四月入学のギリギリまで募集する。たいていはもう就職や進学が決まっちゃってるだろうから、遅いのはわかってるけど、とにかくやってみようかなと。準備不足だけど、来年まで待ってられない。一期生には、二期生以降にどんなプログラムをやればいいかを考えてもらおうと思ってるんだけど、それもとりあえず入ってもらわないことには始まらないし。そんな感じでカリキュラムも明確じゃないから、やりながら一緒に考えようぜっていう感じ（笑）。だから、指示待ち人間には向かないよ。

社内には、「三か月だけ研修に来られても……」という戸惑いも正直ある。金払ってまで手取り足取りやってられないよというのが現場の感覚。だから、何から何までおぜん立てということはできない。過剰な期待は困る。進路としてはリスクだらけよ。それでも「学ぶことは自分で勝手に考えます」っていう、そんな覚悟のある子に来て欲しいね。

その後……

年明け、ＤＭＭアカデミーのサイトがオープンし、数日で一〇〇名を超える応募があったと言う。「貧乏でも、きちんと愛情を受けてきた子」と会長は言った。正直、シビアな条件だ。それでも、芽が出る子は必ずいる。私が今まで出会った貧困家庭の子で、もっとも優秀だった子は、体育以外はオール五、特に絵が得意で文部科学大臣賞をとっていた。しかし彼女は、基本的に大学には行けない。生活保護家庭だからだ。学費の高い美大など、夢のまた夢だった。そうした子たちに、この情報が届くことを願う。

第四章　社会をつくり直す

――貧困の連鎖を断ち切るために

17　風俗からこども食堂に転じた夫婦の苦闘

風俗街で出会う

マキ（三四歳）がユウジ（四五歳）に出会ったのは二一歳。二人が生まれ育った宮崎市内の風俗街でだった。マキは働いていた飲み屋で知り合ったパチンコ依存症の夫と別れたところ。ユウジは日中ビルメンテナンスの会社を経営しながら、夜はデリヘル業（デリバリーヘルスという業種の風俗店）に携わっていた。ユウジもこの時点でバツ二だった。

二人は結婚。デリヘルやSM店経営の後、本業のビルメン経営の傍らで一般社団法人「日本プレミアム能力開発協会」という団体を立ち上げ、その事業の一環で、二〇一五年一月に「プレミアム親子食堂」を立ち上げる。これが、宮崎県内のこども食堂の先駆けとなった。

風俗業の経営から、奇妙な名前の一般社団法人立ち上げをへて、こども食堂へ。二人の軌跡はいかにもアヤシゲで、眉《まゆ》をひそめる人もいるかもしれない。しかし、この二人のストーリーを、貧困の中で育った者たちが貧困の連鎖を断ち切ろうとしてきた苦闘のストーリーとして見ると、また違った景色が見えてくる。しばし二人のストーリーに耳を傾けてほしい。

【マキのストーリー】

パチンコ依存症の父と暮らす

マキが物心ついたとき、すでに母はいなかった。母は、自分を産んですぐに逃げた。両親の離婚の原因は未《いま》だによく知らない。が、パチンコ依存症の父を嫌ってだったのかもしれない。父のパチンコ依存は救いがたいものがあり、マキの小さいころの思い出と言えば、パチンコ屋の長イスの上だった。夜の九時までパチンコ屋にいて、家に帰れば借金の取り立てが待っていた。父はすぐに逃げられるように夜勤のタクシーで働いていた。父が不在の中、マキと姉は取り立てをおそれて押入れの中で息をひそめていた。

父はパチンコに負けると不機嫌になった。酒を飲み、マキたちを口汚く罵《ののし》った。食事中、マキたちが咳《せき》をしただけで食事をぶちまけるようなところがあった。そんな父を嫌い、四つ上の姉はマキが小学校六年生のときに家を出ていった。

土下座して頼んだ部活のスパイクを断られ……

マキ自身は姉とは違うつもりだったが、中学二年から歯車が狂い始める。きっかけは部活の陸上で使うスパイクが必要になったことだった。陸上でよい成績を収めれば高校推薦が見えてくると先生に言われ、どうしてもスパイクが欲しかった。マキは家の経済状況をよく理解していたが、勉強の苦手な自分にとってスパイクが未来への切符だと考えたマキは、意を決し、父に土下座してスパイクを買ってくれるよう頼んだ。「誰かに教わったわけではないが、そういうときは土下座するもんだと思っていた」とマキは笑う。しかし、父は買ってくれなかった。そのころから、家出を繰り返すようになる。

飲み屋から風俗へ

学校にもあまり行かなくなり、そのまま卒業。自宅がイヤでたまらず、彼氏と一緒に橋の下で寝泊まりしたり、女友だちの家に長期で泊まりながら地元でアルバイトをしていた。しかしそれも限界となり、当時の彼氏の父親を頼って、埼玉県に行く。飲み屋でアルバイトを始めた。父のことは嫌で仕方なかったが、それでも同居の祖母とは連絡をとっていた。その祖母から「父がうつ病になった」と告げられ、一七歳で再び宮崎に帰る。祖母は厳しい人で「女も一人で生きていくしかないんだ」とマキに説いた。中卒の一七歳娘は、結局宮崎でも飲み屋で働くようになる。

その後、飲み屋で知り合った相手と結婚。一八歳で妊娠し一九歳で母となるが、父と同じくパチンコ依存症の夫に愛想をつかして、出産四～五か月後に離婚。子は自分で引き取り母子家庭として、マキは再び働きに出る。今度は風俗だった。

一九歳から風俗で働いていたマキがユウジに出会うのは二一歳。ユウジは当時三二歳。ユウジはマキに「風俗から抜けさせたい」と話した。

【ユウジのストーリー】

ヤミ金業者のあっせんで宮崎に

ユウジは一九七二（昭和四七）年生まれ。宮崎県日向《ひゅうが》市で生まれたが、両親が九歳のときに離婚。母がヤミ金に手を出しており、そのヤミ金業者からの紹介で宮崎にやってきた。離婚の原因は、母が姉の保証人になって大きな借金を抱えたこと。ユウジは青年期、この借金と格闘しつづけることになる。

母は宮崎で風俗の仕事を始め、二～三年で自分の店を持つに至った。風俗店が集まる一角にある店のバックヤードで寝起きするのがユウジの日常だった。

新聞配達をしながら、パンと牛乳を「頂戴」する子ども期

自分の小遣いは自分で稼ぐように言われていたユウジは、小学五年から新聞配達を始めた。朝、配達の傍ら、商店などから外に置いているパンと牛乳を頂戴《ちょうだい》し、それを朝食にした。風俗街で育てられた友だちもみんな似たようなものだったから、「そんなもんだ」と思っていた。商店からケースでいただくことはしない。あくまでも一日一個だけいただく。それが彼のルールだった。毎日、同じような店からいただいていた。当然、店主は気付いていただろうと思う。しかし、大ごとになることはなかった。見逃してくれていたんだろう、と今は思う。

中学時代はバイトをしながら学校には行かず、ただ生きること、友だちを失わないことに必死になっていた。高校受験は考えなかった。周囲はみんなそうだった。

マグロ漁船から風俗へ

卒業後、母の紹介でマグロ漁船に乗る。今思えば「売られた」のだろう。三年間、フィリピン沖や台湾沖で操業した。三年間で八〇〇万円ほど貯まったお金を、母の借金返済に充てた。たとえ子でも親の借金を返す義務はない、などと教えてくれる人はいなかった。「おま

えは息子だから」と当然のように言われ、自分も仕方ないと思っていた。成人までに返済したお金は総額一二〇〇万円にのぼる。

陸に上がってからは、夜、板前をやりながら、終業後は朝まで飲み屋で働く日々。それも二年で辞め、自分を見捨てず可愛がってきてくれた先輩たちと五人で飲み屋を開業。数年で一四店舗まで増やした。商才はあった。しかし、そこにも借金取りが押しかけてきて、店を続けていくことはできなくなった。その後、サラリーマンなどを転々とし、三〇歳でビルメンテナンスの会社を創業。しかし、それだけでは食べられないので、夜はデリヘルも運営した。そこでマキと出会う。三二歳だった。ユウジにはすでに小学一年の連れ子がいた。

二人が出会った風俗街の一角。
もう営業している店はない

【二人のストーリー】

風俗でケア

マキは風俗から抜けたが、ずっと夜の世界で生きてきたマキにできることといったら、やはり夜の仕事だった。ユウジと二人でデリヘルの運営に携わる。ただ、少し変わった風俗店経営者でもあった。二人の下にたどり着いたワケあり女性たちを、風俗業界のニッチなニーズにあてはめることで、なんとか「救おう」とした。

一般社団法人ホワイトハンズ代表理事の坂爪真吾《さかつめしんご》氏の『性風俗のいびつな現場』（筑摩書房、二〇一六年）などに詳しいが、風俗業界の奥は深く、多くの男性が若い女性を求めるものの、それ以外の女性やシチュエーションを求める者もおり、風俗業界はそのニッチなニーズにもどん欲に応《こた》えてきた。マキたちもそれを利用し、ニッチなニーズに応えるお店を開いたり、他店に紹介することなどで、一〇代や五〇代を含む女性たちの生きる糧を確保した。

SM店開設で働き口を創設

たとえば、かつて心臓病を抱えて東京から移住してきた三〇代半ばの女性がいた。本人はサーフィンをやるために移住してきたと言うが、移住後すぐに持病の心臓病が急激に悪化。まともな暮らしができる状態ではなかった。はじめは昼間も働いていたが、医療費や働かない彼氏の生活費に消え、その日のご飯も食べられない状態になりマキたちの下にたどり着く。しかし、子宮頸《けい》がんも発症していた彼女に「ふつうの風俗」はできない。

そこで、マキたちが考え出したのがSM店経営だった。SMプレイならば、性交渉なしでも客を満足させられる。そうして、その女性に働き口をつくりだした。「当時、宮崎市内では唯一のSM店でね。結構もうかったんですよ」とマキたちは笑う。「今なら公的支援につなげたでしょうけど、当時はそんな知識もなくてね。いかに風俗で生きていけるようにするかしか考えられなかった」とユウジ。公的サービスに関する無知、公的機関との接点のなさは、多くの貧困層に共通する。

娘への悔い

そんな二人だったが、ついに風俗から抜ける日が来る。ユウジのビルメンテナンス業がようやく軌道に乗り、昼の仕事だけで食べていけるようになったのだ。二人で風俗経営に携わって三年後のことだった。その後はマキもユウジの仕事を手伝いながら、子育てをした。

しかし、その子育ても大変だった。一番の悩みはユウジの連れ子の長女だった。彼女の実母、つまりユウジの別れた前妻は、覚せい剤を使っては逮捕され、退所後にまた覚せい剤を使っての繰り返しで、娘に包丁をふりかざすこともあった。当然ながら娘は情緒不安定に育ち、マキは義理の娘との関係づくりに苦労する。実母はしばしばマキたちの家に押しかけ、トラブルにもなったが、マキとの関係がよくない娘は実母に肩入れすることもあり、それがまたマキをいらだたせた。

結局、娘はマキたちの家を出て一七歳で出産、産んだ直後に離婚。結局は幼子を連れて、実母と一緒に飲み屋をやり始めた。典型的な貧困の再生産だった。後に始める活動は「あの子をまともに育てられなかった罪悪感も影響していると思う」とマキは振り返る。

きっかけは川崎市中一男子生徒殺害事件

ユウジの事業は軌道に乗り、ビルメンの管理先は六〇棟を超え、五棟の持ち物件を保有するまでになった。マキも手伝ったが、ときに孤立死した部屋の後片付けもせざるを得ない仕事に、マキはなじめなかった。

そんなとき、川崎《かわさき》市で当時中学一年生の男の子が先輩などに殺害される事件が起きた（二〇一五年二月）。マキは、テレビで被害者の母親が「母子家庭で昼夜働き続ける中で、息子のあざなど異変に気づいてあげられない事実がありました」と世間に謝るのを見た。ネット上ではさまざまな批判が飛び交ってもいた。「なぜ、被害者の保護者が謝らなければならないのか」と思うと同時に、キレイゴトではすまないとも思った。ダブルワーク、トリプルワークで生計を立てながら、常に子どもを気にしてあげることがいかに困難か。マキは自身を含め、あまりにも多くの「見たくないもの」を見てきた。何かしたい、という気持ちが動き出した。

法人を立ち上げ、活動を始める

最初に思いついたのは、望まぬ妊娠から出産後の児童虐待に至ることを防止する相談事業や、特別養子縁組に取り組む団体を応援する活動だった。家庭環境に恵まれなくても、特別養子縁組を通じて新たな家族に迎え入れられることで、幸せな人生を送ることのできる子どもはいるはずだと思った。望まぬ妊娠による中絶や、出産しても育てる自信がないといった相談に乗っている助産師会を応援することから始めようと思った。福祉や支援活動などの経験はなく、何から始めていいかわからなかったが、とにかく「今の自分たちにできること」を考え、すでに活動をしている団体の情報を拡散していくことから着手した。

同時に、母親が生きていけるための「手に職」をつける活動も考えた。自身も含め、あまりにも多くの「カラダ以外に資本のない」女性たちを見てきたからだ。通信制で資格取得を応援する活動を始めた。立ち上げた一般社団法人「日本プレミアム能力開発協会」のホームページには、ハウスクリーニングや児童虐待防止支援アドバイザー、パステルアート、ステンドグラスアートなどの資格講座のメニューが並ぶ。

親子食堂へ

資格取得支援などで親たちと出会い始めると、案の定、シングルマザーの多くがダブルワーク、トリプルワークで働いていた。子どもに食費を渡して自分で食べさせる母親の多くが「これはネグレクトなんじゃないか」と自分を責めていた。自身も三人の子育てを行っていたマキは「親子の会話をする時間が必要」と考えるに至る。そこで始めたのが「プレミアム親子食堂」だった。食事を通して、親子の会話のきっかけを作ることが目的だ。

マキの「親子食堂」は「こども食堂」の一種だが、その運営方法は少し変わっている。宮崎市の子育て支援課を通じて、親子食堂のチラシを児童扶養手当受給世帯に渡してもらう。希望する世帯は、毎月一日から一〇日の間に、マキの法人に食事券を受け取りに来る。わざわざ来所してもらうのは、顔を合わせて話す機会を作るためだ。それが相談支援活動ともなる。面談を通じて、提携食堂のどこで食事券を使うかを決めてもらう。提携先の食堂は市内八店舗。食事は毎月第三土曜日に決めていて、店ごとに決められた時間帯に食事に行く決まりだ。メニューは店が決め、親子は無料でそれを食べる。マキたちは、一食あたり五〇〇円を提携先に支払う。この資金は、寄付を集めつつ、足りない分はユウジの収入から補てんした。「去年は相当寄付しましたね」とユウジは笑う。

現在、登録者はひとり親世帯ばかりで一〇〇名を超えた。マキが提携先に頼んでいるのはただ一つ。「ごはんだけはおかわり自由で、腹いっぱい食べさせてやってほしい」ということ。

最初の提携先は、ユウジの幼馴染《おさななじみ》だった。同じ中学校で育ち、世の中の大人たちに不満を抱えてきた仲間だ。ユウジの良い面も悪い面も知り尽くしている。居酒屋「丁稚《でっち》」を運営する池堂直樹《いけどうなおき》さんは、提携先になった理由を「ユウジに頼まれたから」とさらりと答えた。特別な「支援」をしている感覚はない。友だちに頼まれたからやっているだけ。小さい子が多いので、食事はパスタ、からあげ、コロッケなどが多い。従業員を巻き込まないよう、食事は毎回自分でつくる。これまでに五〇～六〇人が食べに来ただろうか。毎回来る親子もいるし、夜に一般客として顔を出してくれた親子もいる。笑顔になって帰ってくれればいいと見守るが、食事中、話をせず、疎遠な感じの親子もいる。

食料とともに情報を提供

今、マキたちは寄付してもらった食材等を融通するための「宮崎こども商店」の運営もしている。マスコミで取り上げられたおかげで、お米などの食材が寄付されるようになったが、マキたちは自分たちで食事を作っているわけではない。だったら、寄せられた食材を宮崎県内のこども食堂で融通し合うシステムをつくろう、という発想だ。生活困窮世帯から直接連絡が来るようにもなったため、食料や衣類を直接送る活動もしている。食料を送る際には、行政や民間の支援情報を伝えることも忘れない。過去の自分たちが必要な情報がなかったことで苦しんだ経験があるからだ。

早くしないと……

マキにこれからの構想を聞いた。「今年やりたいのは、望まぬ妊娠をした女性たちにシェルター（避難所）を提供すること、そして各種シェルター退所後の女性たちが保証人なしでも飛び込んでこられる住居の提供だ」と言う。つながりの生まれた助産師会やDVシェルターの悩みを聞いたのがきっかけだった。幸い、ユウジの事業の関係でおあつらえ向きの社員寮がある。望まぬ妊娠をした女性たちが安心して子どもを産める環境をつくりたい。また、薬物から抜け出るための支援活動もやりたいし、風俗街をうろつく子ども・若者向けの夜回りもしたい。仕事で親のいない子どもたちがさびしい思いをしなくてすむよう放課後の子どもたちの居場所もつくりたい。

マキの構想はどこまでも自身の経験に根差している。経験に根差しているから、具体的で、想定する対象者の顔が明確に思い浮かんでいる。次から次へと事業展開するマキたちに対しては「腰が据わらない」という批判もある。ただ、マキにとってはむしろ遅すぎるし、足りなすぎる。多くの人が「見えていない」課題は依然としてあまりにも多く、そこには手を差し伸べられていない子どもたち、母親たちがいる。早くしないと、子どもはどんどん生まれ、どんどん育ち、そしてまた貧困が連鎖していってしまう――そんな焦りがマキにはある。

貧困の連鎖を断つ

現在、マキとユウジには、中三、小五、六歳の子どもがいる。長女は私立中学に通う。自分たちと違って、職やお金や人脈に困らないよう、せめて高校は必ず卒業してほしかったので、本人の意見も聞いたうえで中高一貫校に通わせることにした。吹奏楽部に所属し、日々勉強と演奏に明け暮れる充実した日々を過ごしている。そして彼女の現在の夢は、医者になること。連綿と続いた貧困の連鎖を自分たちの代で断ち切れるかもしれない――。そこにマキとユウジの期待があり、活動の原動力がある。

貧困の連鎖は断ち切ることができる――。その証明は容易ではなく、世の中には反証も満ちている。マキの活動も、ユウジの事業も、これからも危機を迎えることがあるかもしれない。しかし、完全に断ち切れるかわからない中で、それでもそこを目指して格闘している人々の苦闘は、記録されてよいし、記憶されるべきだ。その積み重ねが、本当に貧困の連鎖を断ち切ることのできる社会をつくる。冷笑から生まれるものはない。マキとユウジの苦闘が、それ自体として尊重される世の中を望みたい。

18　ＡＩに太刀打ちできる読解力をすべての子に

「ロボットは東大に入れるか」プロジェクトでぶつかった「ある疑問」

国立情報学研究所（ＮＩＩ）の社会共有知研究センター。「ロボットは東大に入れるか（東ロボ）」プロジェクトで知られる人工知能（ＡＩ）の研究チームが、子どもたちの読解力テストに着手した。なぜ、ＡＩ研究者が「読解力」に関心をもつのか。そこには、ＡＩの限界を探る研究の過程でぶつかった、ある疑問が関係している。センター長の数学者・新井《あらい》紀子《のりこ》さんに話を聞いた。

ＡＩは国語が苦手

——なぜ、ＡＩ研究者が「読解力」に関心を？

新井　東ロボは、問題を解き、正解も出すが、読んで理解しているわけではない。現段階のＡＩにとって、文章の意味を理解することは、不可能に近い。そうすると、特に難しいのが国語と英語だ。国語では、二〇一五年のセンター試験模試では、二〇〇点中九〇点しかとれなかった。偏差値は四五・一。五科目八教科全体の偏差値が五七・八だったことを踏まえると、かなり低く、これらの教科は苦手だということがはっきりした。

ちゃんと読めば、わかるのか?

新井　しかし同時に、疑問に思ったことがある。「文章の意味を理解できない東ロボよりも、得点の低い高校生がいるのは、どういうことだ?」「この高校生たちは、文章の意味を理解できているのだろうか?」「義務教育で、教科書の文章を読める力は本当についているのだろうか?」

私たちは、子どもたちが「読める」ことを大前提に話してしまう。だから「わからない」と言う子に対して、大人たちは「ちゃんと読め」と言う。「ちゃんと読めばわかるはず」という前提、それだけの読解力は備わっているという前提がある。しかし、そもそも「読めて」いないのだとしたら?　どれだけ「ちゃんと」読んでもわからない。社会が得意、算数が苦手という以前に、読めているかどうかを見る必要があるのではないか、と思うに至った。

関ヶ原の戦いは何年？　の解き方

――そもそもAIが「読める」とか「読めない」というのは、どういうことですか。

新井　AIを含むコンピュータが得意なのは、情報とパターンで問題解決すること。たとえば「徳川家康《とくがわいえやす》は（　　）年の関ヶ原《せきがはら》の戦いで、石田三成《いしだみつなり》らの西軍を破った」の（　　）に何が入るか。答えは一六〇〇。コンピュータは、この答えを膨大な情報を瞬時に検索して答えを出す。教科書、ウィキペディア、百科事典など、デジタル化された情報すべてにアクセスし、検索をかけられる。コンピュータは「戦う」とか「破る」がどのような事態なのかはわからない。その言葉がリアルな世界で何を表すのかはわからない。それでも、字も追えるし、検索もかけられ、それによって正解にたどりつく。「読めない」が解ける、というのはそういうことだ。

検索と確率だけの世界

新井　さっきの問題文は、コンピュータにとって、意味不明の記号の羅列にすぎない。人間にとっての「●△※×★÷◎◆▼□＋」と同じだ。でも、膨大な検索をかけると「●△※」と「◆▼□」がよくセットで出てくることがわかる。「●△※」と「◆▼□」は強い結びつきがありそうだと推論する。これが確率だ。そこで、選択肢の中から「◆▼□」を選ぶ。これが「一六〇〇」だ。膨大な検索を通じて、確率的にありそうなことを選び出す。これがAIのやっている作業だ。

本や服を買うと「これも好きなんじゃないですか？」と瞬時に推奨される。今や一般化したネット上のサービスも、すべてこの仕組みで動いている。

「一〇台を三日」と「一〇人に三個ずつ」の違い

新井　数学でも、高校以上の抽象的な問題は比較的よく解ける。一方で、「一日一〇台の自動車を生産する工場が三日間操業した。さて、自動車は何台できたでしょう？」という問題には非常に苦労する。この問題が、「一〇人が三個ずつりんごをもらった。りんごは全部でいくつ必要か」という問題だったら、解ける可能性はある。違いは何か。

二つ目の問題には、掛け算のキーワードになる「ずつ」という言葉が出てくる。キーワードとして「一〇、三、ずつ」をうまく選ぶような機械学習ができれば、たぶん「一〇×三＝三〇」が答えだろうということになる。他方、その前の文にはそのようなキーワードが出てこない。「一〇、三」しかキーワードが選べない場合、足し算、引き算、掛け算、割り算のどれをすればよいか、困る。問題文が読めないとはそういうことだ。

子どもたちを見ていると……

新井　ところが、子どもたちを観察していると、キーワードとパターンで解いている子、読んでいる子が意外にいる。そこに不安が生じてきた。

キーワードを探す検索パターンを覚えて「こういう場合はこうだろう」と確率的に解くやり方では、莫大《ばくだい》な処理速度をもつＡＩに、いずれ追い越される。仮にそれで正解を得たとしても、そこで培われた力は、いずれＡＩに取って代わられていく。そこに、私たちの危機感がある。だから、調査することにした。どれくらい読めているのか、と。

ＡＩの得意分野と不得意分野で

――どうやって調べるのですか？

新井　「リーディングスキルテスト」（読解力テスト）を行う。簡単に言うと、六分野のテストを行い、読解力を見る。ＡＩが比較的得意な三つの分野と、不得意な三つの分野だ。

ＡＩが不得意なのは「推論」「イメージ」「具体例」の三分野。この三つについては、少なくとも今のところ、どうやればＡＩがこれらの問題を十分に解けるようになるのか、その方法論がさっぱりわからない。

現在、主に小中学生を対象にすでに予備調査を終え、一万人を対象にした本格的な調査に着手している。文科省も、私たちの取り組みに刺激を受けて、「高等学校基礎学力テスト（仮称）」を二〇一九年度から試行実施することを決めた。一般企業の中にも、就活における適性検査に、このテストを採用しようとする動きが表れ始めている。急速に普及する可能性がある。

予備調査の結果は……

――予備調査の結果はどうですか？

新井　本調査の結果が出ないかぎり確定的なことは言えないが、これまでのところ、テストを受験した公立中学校生三四〇人のうち、約五割が、教科書の内容を読み取れておらず、約二割は、基礎的な読解もできていないことが明らかになってしまった。そして、偏差値の高い学校の生徒ほど、リーディングスキルテストの成績もよい。「読める」子が偏差値の高い学校に入っている可能性がある。どうやって「読める」ようになるのか、その原因はまだわからない。その原因を探求して対策を立てるのが、この調査の目的だ。

将来、大変なことになりかねない

新井　それほど複雑な問題でなければ、受験テクニック的には、キーワードを拾い、パターンを覚える解き方のほうが効率がいいかもしれない。でも、AIと同じ解き方では、AIには太刀打ちできない。それでは、これからの時代は乗り切れない。早く正解にたどりつく力は大事だが、それが「読めない」子どもたちをそのままにしているとしたら、将来、大変なことになりかねない。

――大変なこととは？

新井　すでによく知られているように、AIによって、これまで人間がやってきた少なからぬ仕事が置き換えられる可能性がある（野村総研調査）。私が二〇一〇年に『コンピュータが仕事を奪う』（日本経済新聞出版社）を出版したときには、誰もまともに受け取ってくれず、本はSFの棚に並べられたものだが、今ではかなりリアリティのある話として受け止められている。

読めなければ転職もできない

新井　置き換えられるのは、従来ホワイトカラーがやってきた、手順が決まっていて、覚えることのできる仕事だ。経済学者の中には「仕事が消えても他の仕事が生まれるので、心配ない。産業革命のときもそうだった」と言う人もいるが、現代は、何をやるにしても一定程度の知識が前提となる知識重視社会（知識基盤社会）だ。

たとえば、ある分野で失業した人が他の分野に移ろうとしたとき、一定の職業訓練が必要で、それには初めて見る文章、自分の知らない分野のことが書いてある文章を「読める」必要がある。しかし、もしそれを読む力そのものが備わっていなかったら？　失業は長期化せざるを得ない。パソコンが使えずに申請書を書けないといったデジタルデバイド（格差）の問題があるが、文章が読めなくて、新しい職業に移行できないという事態が、より大規模に起こる可能性がある。楽観できない。

「読める」ようにするのが公教育

――このプロジェクトを通じて、新井さんが目指すものは何ですか。

新井　なぜ「読めない」のか、「読める」ようになるためには何が必要なのか、原因を調べ、対策を立てたい。公教育とは、国民全員に基礎的学力を保障するもののはずだ。たとえ入学前に差がついてしまっていたとしても、差がなくなるようにするのが、公教育の責務だ。中学を卒業するまでには、全員が教科書レベルの文章を「読める」ようにしたい。

貧困家庭の子は、相対的に学力の低いことがわかっている。しかし、貧困の連鎖、ワーキングプアの再生産は断ち切らなければならない。貧困状態にある子であっても、ＡＩ時代を生き抜く最低条件を整備するそのためには、誰もが通過する公教育で「読める」ようにしたい。その意味では、これは貧困対策でもある。書いてある内容が読めずに、必要な援助を申請できないなどということがあってはならない。それを実現させるまで、このプロジェクトは終わらない。

あなたは「読めて」いるか？

さて、あなたは、次の図の問題に答えられるだろうか？　【問題1】が「イメージ」、【問題2】が「具体例」、いずれも、ＡＩが解けない問題だ。

どうだろう？

答えはこの節の最後に掲載したので答え合わせをして欲しい。

そして

このインタビューがきっかけで、私もこのプロジェクトの研究協力者になった。目的は、読解力と貧困の関係を調査し、考えられる支援モデルを検討すること。

新井さんは、二〇一六年一一月の「ロボットは東大に入れるか二〇一六成果報告会」でこう言った。

問題1

下記の文の内容を表す図として適当なものをすべて選びなさい。

四角形の中に黒でぬりつぶされた円がある。

1

2
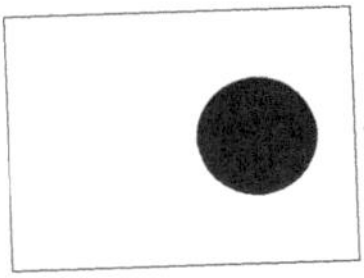

3

4
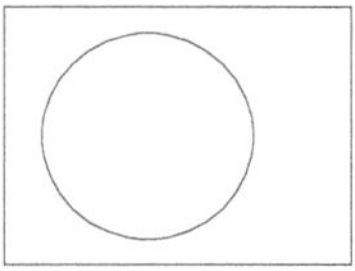

問題2

下記の文を読みなさい。

白玉6個、赤玉3個が入っている袋から玉を同時に4個取り出した。

上の文にあてはまるものを選択肢の中からすべて選びなさい。

1 取り出したのは白玉3個であった。

2 取り出したのは白玉4個であった。

3 取り出したのは赤玉4個であった。

4 取り出したのは赤玉1個と白玉3個であった。

国民の少なからぬ人たちが、矛盾していたり、センセーショナルなだけで中身のない発言の意味を吟味し、その矛盾を見抜いたり、実現可能性や妥当性を評価できる読解力を身につけていなかったら、世の中は大変なことになってしまうのではないか。

そして、力を込めて、こう締めくくった。

資本主義社会が不可避に生む格差と不平等は、リテラシーをもつ市民による民主主義で乗り越えられるはずだった。

「トランプ現象」が世界を震撼《しんかん》させた二〇一六年一一月という時期に、彼女がこのように語ったことを、私は重く受け止めたい。

解答　【問題1】が2番と3番、【問題2】が2番と4番

19 「異才」が生きられる空間を世の中に

「異才発掘プロジェクトROCKET」

東京大学・先端科学技術研究センター（先端研）で奇妙なプロジェクトが進行している。その名も「異才発掘プロジェクトROCKET」。二〇一四年に始まった先端研と日本財団の共同プロジェクトだ。説明文には「突出した能力」「イノベーションを起こす可能性のある異才を育《はぐく》む教育環境」という言葉が並ぶ。天才教育なのか？

ところが、主宰する中邑賢龍《なかむらけんりゅう》教授は、意外にも目指すのは「地域コミュニティの復活」だと言う。「異才発掘」と「地域コミュニティ」がどうつながるのか？　中邑教授に聞いた。

相当に変わった子たち

――どんな子どもたちを対象にしているんですか？

中邑　相当変わった小中学生の子どもたちが相手だ（笑）。キノコの話しかしなくて、日本のトリュフを追い求めている子とか、学校の成績はオール一だが、じいちゃんとイノシシ獲《と》って暮らしている子とか、逆に全国模試で常に五本の指に入るほど勉強ができ、学校では学び足りないと感じている子とか、家庭や学校が合わずにいじめられてた子、暴れて病院に入れられていた子、そんな子たちだ。生意気で、聞かん気が強くて、時間守らなくて、学校も家も困っているような「扱いにくい子」だけを選《え》りすぐっている（笑）。

こんな家イヤだ、こんな学校イヤだ

――なんだかすごそうですね（笑）。小中学生の子どもたちがどうやって応募してくるのですか？

中邑　全国説明会をやって、それをメディアに取り上げてもらうと、それを見て、こんな家イヤだ、こんな学校イヤだという子が、毎年五五〇～六〇〇人、応募してくる。その中から「相当だね」という子をピックアップして会いに行く。知床《しれとこ》から宮古島《みやこじま》まで、これまでに三〇〇～四〇〇人の子どもたちに会ってきた。やはり、行ってみて、どういうところで、どんな生活をしているのかを見ないとわからない。本人の意思確認が大前提だから、親が応募してきた子どもはとらない。

三分の一は書字困難

――どんな子どもたちが多いですか？

中邑　いろいろだが、三分の一は書字困難を抱えている。知的レベルは高いのだが、書けない、書く速度が遅い。自分の思考速度やイメージに、実際に書く速度が追いついていない。そうすると、理解しているのに、テストの出来は悪い。他の子と同じか、それ以上にわかっているのに三〇点しかとれない。ワープロで代替することで対応できる子もいるが、学校はまず認めない。まったく書けないわけでなければ、本人も気づかない。「おれは書ける」という意識があるからだ。イヤになって、どんどん勉強が後《おく》れていく。

そういう子が、中学校高校に進んでから、じゃあどうすんだとなるが、どうしようもない。学校の先生は小学校からやり直せと言うが、これこそ本人の自尊心が許さない。結果として、暴れるか、ひきこもるか。精神疾患を引き起こしてしまう子もいる。二次障害だ。負のスパイラル。私たちは、これを防ぐためにやっている。

モノとカネで防ぐ

――どうやって防ぐんですか？

中邑　世の中は書字困難を訓練で治そうとするが、長年の経験から言わせてもらえば、訓練では治らない。近年では、そうするとすぐに発達障害と診断して薬を飲ませるが、薬を飲んで治るわけではない。私たちはモノ（テクノロジー）とカネで防ぐ。

私はもともと実験心理学の研究者で、人間の感覚機能を測定していた。あるとき、広島県の山奥の重度障害者施設に行ったとき、そこの医者が「おまえ、この人たちをしゃべれるようにしろ」と。「胃が痛いというが、薬飲ませても治らない。たぶんしゃべれれば治る」と。パソコン使って表現できるようにしたら、みるみる胃痛が治った。カウンセリングよりずっといい（笑）。それからモノとカネで人を救うという仕事に入っていった。

「大人を見て教育しろ」

中邑　その関係で教育現場とも関わりをもった。香川県の特別支援学校で出会った先生に、「おまえみたいな頭でっかちのやつに教えてやる」と言われて、街を連れ歩かれた。ふらっと家に入っていくと、寝たきりや家で囲われて暴れてる障害者がいる。「昔の教え子たちだ」と。そして「これが教育だ。役に立ってない」と（笑）。「おまえは大人を見て教育しろ」と言われた。学校で教育したり訓練していれば、何かをやっている気にはなれる。でも、訓練したって治らないし、間に合わない。だからテクノロジーを使おうと。

テクノロジーを活用する

――具体的には、どんなプロジェクトをやっているんですか？

中邑　一つはＤＯ‐ＩＴジャパンプロジェクト。ＤＯ‐ＩＴは、Diversity（多様性）、Opportunities（チャンス）、Internetworking（インターネット）、Technology（テクノロジー）の略。テクノロジーを活用した学びの保障を行う。

スカラーと呼ばれる子どもたちが、自分の特性を理解し、特性にあった機器を使いこなし、その利用を学校などに認めさせる。それをサポートするプロジェクトだ。書字困難を抱えていても、ワープロ利用を認められれば、力を発揮できる子どもたちがいる。訓練や薬で本人を変えようとするのではなく、本人の特性を踏まえた上で、テクノロジーを活用すればいい。実際、三〇分の時間延長が認められて、超難関大学に合格した生徒もいる。

ＤＯ‐ＩＴは、社会に参加する子を育てていく。だから、世の中に「合理的配慮」を求める。そのために戦う。なぜ、この子に三〇分の時間延長が必要なのか。なぜ、それが「特別扱い」じゃないのか。「公平」って何なのか。「多様性を尊重する」って何なのか。それを考え、学び、テクノロジーを活用し、認めさせ、社会に参加していく。

どうしても合わない子もいる

中邑　ＤＯ-ＩＴは私自身が立ち上げたプロジェクトだ。しかし、そこに集まる子どもたちと向き合っているうちに、どうしても合わない子たちのいることに気づいてしまった。ワープロを使うことを保障しても、それが好きじゃない。集団に入るから、しんどい。就職しようと思ったら、しんどい。学校行かなきゃいけないと思うから、しんどい。ソーシャルスキルトレーニングだろうが、「合理的配慮」だろうが、しんどい。相当突き抜けてしまっている子たちだ。

じゃあ、その子たちはつぶされてもしょうがないのか。違う。たしかに集団にはなじまない。でも、その子らに料理つくってもらうと抜群にうまかったりする。イスの修理をさせるととても上手いという子もいる。いろんな知識を吸収して論理的にディスカッションすることもできる。

変わった子たちのスペースを

中邑　そういう子には「学校なんかいかなくていい。向いていないよ」と言ってあげる必要がある。もともと一人で生きたほうがいいという子どもたちだ。だが、その子たちも孤立感は持っている。理解されない、という孤立感。だから、その子たちなりのやり方を理解して、信頼できる人を何人かつくる。そのためにつくったのが、このROCKETプロジェクトだ。ROCKETは Room Of Children with Kokorozashi and Extra-ordinary Talents の略。「志と異才ある子どもたちのルーム」。ルームには、自分たちの部屋、仲間のいる居場所、生きづらさから逃れる避難所、自分が光り輝くスペース……いろんな意味がある。

「デジ飯」。2.5センチ角にカットされた食材

料理でイノベーション

——ROCKETでは、どんなことをしているんですか？

中邑　プログラムの柱は六つあるが、大別して二つのことをやっている。こちらの用意したことをやってもらうプログラムと、子どもたちが自分の興味関心を追究するプログラムだ。

こちらが用意して行ったプログラムで、この間やったのは「デジ飯」。ここのスタッフの料理研究家・福本理恵《ふくもとりえ》さんが考案した。牛肉、鶏肉《とり》、チョコレート、チーズ、じゃがいもなど、いろんな食材をすべて二・五センチ角にカットしたものを用意する。それをキャセロールの中に、タテ三、ヨコ三、高さ三の計二七個並べて、電子レンジでチンして、オリーブオイルと塩で味つけして食べる。ふつうは、バランスを考える。肉と野菜を合わせるとか、デザート系とか。しかし、この子たちはバランスを考えない（笑）。チーズとチョコレートとベーコンと牛肉が好きだから、と入れていく。「うまいに決まってる、どれもうまいんだから」と。そうすると、ふつうは大人が止めるだろうけど、私たちは止めない。チンしたら「あ、溶けた」と（笑）。でも意外とおいしい。私たちが食べてもおいしかった。たぶんそれがイノベーションなんだろう、と思う。

面白さをつぶしてはいけない

中邑　イノベーションを生むのは、こういう「空気を読まない」人たちだ。ふつうの人たちは空気を読むから、変なことは言わないし、やらない。間違いなく、この子たちの中から変わった大人が生まれてくるんだと思う。そういう面白さを抱えた子どもたちをつぶしてはいけない。うちの研究室では、貧困とかホームレスとか生活保護とか、そういう人たちをアルバイトで雇っているが、その人たちの中には相当面白い考えの人たちがいる。それを社会が生かし切れてこなかったのだと思う。

評価軸が一つしかない社会

――なぜ、生かし切れてこなかったんでしょう？

中邑　評価軸が一つしかないからだろう。勉強でもコミュニケーションでも、オールマイティにソツなくこなせる人間が偉くて、それができない人間は失格とされる。凸凹《でこぼこ》を認めない。評価しない。抵抗なく、するーっといける「安全、安心、安定」を求めすぎている。

昔は、それでも生きていけた。一次産業、二次産業、三次産業が三分の一ずつ存在していて、それぞれの認知特性、身体特性に合った仕事が手の届くところにあった。ところが、今や八割以上がサービス産業になってしまった。サービス産業では、コミュニケーション能力と読み書き計算能力が強く求められる。それができないと、どうしようもないという絶望に追い込まれる。いろんな認知特性、身体特性を持つ人たちは、昔からいた。ぶあいそで、ぶきっちょだけど、ふすまを張らせたら完璧《かんぺき》とか。そういう人たちの中には、今で言うアスペルガー症候群の人たちもいただろうが、それでも食っていくことができた。今はそれがむしろ難しくなった。

産業構造の質的変化に、もともと持つ認知特性・身体特性がついていけないという問題だ。変わったのは個人ではなく、世の中のほうだ。なのに、ついていけないと、すぐに訓練の対象にしたり、発達障害と診断して薬を飲ませたりして、さらに追いつめていく。医療機関、教育機関が二次障害を引き起こしている面があると思っている。私たちのプロジェクトは、その子たちがそのままで、生きていけるスペースを社会の中につくろうとする試みだ。

あまりにもクリーンで、便利で

――スペースをつくりたい。しかし、ROCKETはDO-ITのように社会の包摂（インクルージョン）を求めるわけではない、と。

中邑　求めれば、この子たちはつぶれてしまう。そうやって、つぶされかけてきた子どもたちだ。今はあまりにも計画的・効率的で、クリーンで便利に生きることが求められすぎている。それはもう、日常の中に深く浸透しきっていて、ほとんど無意識の、生理的反応に近いものになってしまっている。

たとえば今、ポテトチップスの容器はとても開けやすくなっている。どこからでも、力を使わずに開けられるように加工されている。お年寄りも開けやすくするためだそうだ。だから、外国製のポテトチップスを与えると、子どもたちは開けられない。「噛《か》み切れ」と言うと「きたない」、「ハサミ持ってきたら」と言うと「めんどくさい」、挙句の果てに「こんなもの、いらない」（笑）。「こんなもの作っている会社のものなんて、誰が食べるか」と。ちょっとした虫が飛んでいるだけで、大騒ぎだ。障害や異物に対して、あまりにももろく、過敏になっている。いくら英語がしゃべれるようになっても、途上国のたくましい子どもたちにかなうわけがない。

そういう人たちは「あぶない」人には近づかない。発達障害や精神障害と言われる人たちを受け入れない。「変わっているのは悪いことじゃない」と言う。「多様性は大事だ」と言う。でも、するするっとできない人を見ると、すぐにいらいらする。快適さに慣れすぎて、耐性がなくなってしまっている。

もう待っていられない

中邑　そういう世の中を変えていくことは必要だ。しかし、待っていられない子どもたちもいる。その間に、この子たちはつぶされてしまう。「変わり者」と言われるたくさんの人たちとつきあってきたが、そうやってつぶされて自ら命を絶ってしまった人もいた。「おれたちみたいな人間をつくっちゃいけない」と言っていた。そこまで追いつめられなきゃいけないことなのか。それで、ＲＯＣＫＥＴを始めた。

相当にややこしい人たちとのつきあいがなければ、ＲＯＣＫＥＴは生まれなかっただろう。世間に広く受け入れられるプロジェクトではないだろう。でも、こういうプロジェクトがなければ、救われない子もいる。

不登校はチャンスだ

——これから、どうしていこうとしているんですか？

中邑　この子たちがつぶされないスペースをつくり、広げたい。不登校というのはすばらしい（笑）。なんと言っても時間がある。一〇月は、アウシュビッツとサイバスロンに行ってきた。八月に提案して、行きたい人は一週間で応募書類を書くようにと言うと、みんな必死で調べて書いてくる。そして一〇月だというのに、全員が参加した。すごいことだ（笑）。

アウシュビッツは、言わずと知れたナチスの強制収容所。サイバスロンは、障害者の能力を拡張する技術の大会。「アウシュビッツとサイバスロンに、いったい何の関係が？」と言うから、それを考えるのが今回の旅だ、と。そして両方を見た後で、侃々諤々《かんかんがくがく》の議論をする。最終的には、優性思想だということになった。一方は技術を悪用した例、一方は技術を善く用いた例で対照的だが、早く走れること、よく見えること、能力の高いことがすばらしいという発想は同じ。同じ評価基準・指向性が自分たちの中にもあり、同時に、同じものが自分たちを苦しめているとも知る。そうしたことを、自分で体験し、議論することが大事だ。

こういうことは、公教育ではできない。何のためにどこに行くのか、目的、日程、意味のすべてを確定して、時間を守って、集団で行動して……とならざるを得ない。この子たちは、行くことすらできないかもしれない。不登校はチャンスだと感じてもらいたい。自分を責めるのではなく、自信をもって、本人の中にスペースを広げていってもらいたい。

地域コミュニティそのものを

中邑　そして、物理的にもスペースを広げていきたい。先端研ではかなり自由にやらせてもらっているが、まだ足りない。私たちはアカデミーリゾートと呼んでいるが（笑）、ＲＯＣＫＥＴのセンターを中心に地域コミュニティそのものを作っていきたい。センターへのアプローチを歩いていると、パン屋とか魚屋とかの商店があって、「よう、どこ行くんだ」と呼び止められる。「ＲＯＣＫＥＴに行くんですよ」と言うと、「そんなとこ行ったってつまんねえだろ。それより、ちょっとこれ手伝えよ」と声をかけられる（笑）。「え～」とか言いながら、結局丸一日汗を流す。そんなコミュニティが欲しい。

今、料理をつくりながら五教科を学べるというプログラムづくりをやっているが、どんな仕事の中にも、国語や算数、理科や社会の基礎知識が入っている。それを体系化できれば、「ちょっとこれ手伝えよ」を通じて不得手を補強し、学びを保障することもできる。そして、仕事や仕事をする大人の姿を通じて、こういう生き方でもいいんだということも知りながら、人生の選択肢を広げていく。そんなコミュニティだ。

なにも特別なことじゃない。昔はどこにでもあったような場所だ。そうしたスペースがあれば、子どもたちはつぶされずに生きていける。起業してイノベーションを起こすような子も出てくるかもしれない。こういう子たちが活躍するようになれば「なんとなくこれでもいいんじゃないか」という社会的雰囲気も生まれるだろう。扱いにくいと敬遠していたのが、手のひらを返したようにすり寄ってくるかもしれない（笑）。

目指すは「ふつう」

中邑　「異才発掘」などと聞くと、ぎょっとするかもしれないが、私たちがやっていること、目指していることは、別に変わったことじゃない。「ふつう」のことだ。でもそれこそが、いま難しくなってしまっている。だから、世間の間尺に合わなくても、徹底的に排除されたり、追い込まれたりして自信喪失させられることなく、こだわりを生かし、好きを伸ばして生きていけるようにすること、そういうスペースを提供する試行実験をやっている。

それにたっぷりと、継続してつきあえる大人がいない。その大人たちの余裕のなさが、子どもたちを追いつめている。子どもたちの「問題」なんかじゃない。

二〇一六年一二月には、第三期生のオープニングセレモニーを公開イベントとして行う。「マインクラフト」というゲームを通じて学びと仕事をつなげていく新しい試みも紹介する予定だ。先端研の研究員が三か月特訓して、熟達した（笑）。「遊び（ゲーム）」を遊びで終わらせないためには、社会に「あそび」が必要だ。それが創造性の源となる。「ふつう」じゃなくなった世の中に「ふつう」を取り戻したい大人たちにも、ぜひ参加してもらいたい。

20　篤志家の足を引っ張らない税制を

保育士になる夢を支える

みどり（仮名）は来春、短期大学の保育学科を卒業する。中学時代からの夢だった保育士になる予定だ。あと一回の実習を残すのみだ。みどりの家庭は、貧しかった。そして荒れていた。みどりは、六人きょうだいの上から三番目。上の兄二人はすでに実家を出ていたので、みどりが弟や妹の面倒を見た。弟たちの世話があるので高校には行かない、と言っていた時期もある。しかし、保育士にはなりたかった。

周囲が後押しした。無料塾で学習し、高校に進学した。高校は、無欠席・無遅刻・無早退

夢だった保育士になる、みどり

で通した。三十九度の熱があっても、登校した。「意地だった」とみどりは笑う。でも、高校から先の進学の見通しはなかった。

　高校二年生のとき、みどりを取りあげた新聞記事が出た。それを読んだ京都の松田《まつだ》嘉子《よしこ》さんは、新聞社に手紙を書いた。「女性が社会に必要とされる時代に、保育士という職業は一番大切な仕事だと思います」「家庭的に恵まれていないという事で夢を断念する事は、自分のことのように残念です」と。保育士になるための学費の支援を申し出た。

　松田さんの周囲には反対する人たちもいた。「一人だけ救っても何にもならない」と。でも、応援してくれる人もいた。「ええことやないの」と。迷ったが、松田さんの母親が思い出された。小学校のとき、おやつに事欠く母子家庭の子に「おやつ、持っていってあげなさい」と言う母親だった。みどりを支援する団体との何度かのやりとりの後、松田さんは学費の援助を決めた。もともと、大過なく過ごしてこられた感謝の気持ちを何かしらの形で示したいと思っていた。「その世の中に対する感謝の気持ちがみどりちゃんに向かった」「生きたお金の使い方をしたい。ビフテキを食べたいとは思わない」と松田さん。原資は、一五年勤めた民生委員の謝金と、入院した際の保険金。「私にとっては、ボーナスみたいなものだったから」と笑う。短期大学の納付金は、年間一二三万円。これを二年間援助した。

みどりの両親は、最初信じなかった。「どこの人なの？」「ホントなの？」「そんな人いるの？」「口だけじゃないの？」しかし、事実だった。両親は深く感謝し、みどりは定期的に手紙や写真を送っている。

みどりは今、短大も無欠席・無遅刻・無早退で通している。そして一七年春、保育士の資格を取得する。


他人からだと税金がかかり、祖父母からだとかからない。その差四五〇万円

いい話なのだが、一つ課題がある。みどりが松田さんから受け取った金額一二二万円は、贈与税の基礎控除額（一一〇万円）を超えている。したがって、みどりは贈与税（この場合、一万二〇〇〇円）を税務署に納める義務がある。基礎控除額を超える金額を贈与してもらった以上、当然のことだ。

ところが、もし松田さんが戸籍上の親または祖父母であれば、贈与税はかからなかった。一二二万円どころか、今なら一五〇〇万円まで無税で受け取ることができる。一五〇〇万円に対する贈与税は四五〇・五万円。どうして、他人からもらうと税金がかかり、親や祖父母からもらうと税金がかからないのか。それには、ある租税特別措置が関係している。

教育資金の租税特別措置

三井住友信託銀行に「孫への想い」という金融商品がある。おじいちゃんおばあちゃんが、かわいい孫の教育費を援助する、それを形にするための商品だ。祖父母が孫名義の口座をつくり、そこにお金を入金（信託銀行に寄託）する。孫はそこから自身の教育費用を引き落として使う。この商品の特徴は、贈与税を一五〇〇万円まで課税しないという点にある。孫にしてみればありがたく、祖父母にしてみれば出しやすい。国の制度として、二〇一三年に始まった（一九年まで）、いわゆる「租特」（租税特別措置）の一つだ。三井住友信託銀行は、その制度に乗った商品を扱っているにすぎない。だから、三井住友だけでなく、三菱ＵＦＪ信託、みずほ信託等も同様の金融商品を用意している。ちなみに、それぞれの商品名は「まごよろこぶ」「学びの贈り物」。この制度を「教育資金の一括贈与に係る贈与税非課税措置」と言い、それによってできた信託商品が「教育資金贈与信託」だ。

「お得」な制度で一兆円動く

商品説明を読むと、なかなかに「お得」で、よくできた制度だ。祖父母から孫へだけでなく、父母から子へでもよい。子どもは三〇歳まで、この制度を利用できる。一人あたり一五〇〇万円まで非課税なので、幼稚園・保育所から大学・大学院まで、かなりの教育費用をカバーできる。美大や医学部に進んでも大丈夫だろう。海外留学もできる。三分の一（最大五〇〇万円）までなら、学校法人でなくても、塾や習い事などにも使える。たとえば、働いている二五歳の子や孫が「英会話を習いたいな」となったら、それにも使える。

不適切利用に対する防止策も考えられている。信託銀行の口座は、子や孫の名義で作られるが、お金を引き落とすには教育機関の領収書や振込依頼文書が必要だ。飲食費や旅行代には使えない仕組みになっている。もちろん、教育費負担が浮いた分のお金で、飲食や旅行をすることは自由だ。とても「お得」な制度なので、多くの人が利用している。一三年からの三年間で約一兆円が孫や子に贈与された、と報道されている。

狙いは景気対策

この制度をつくった政府の狙いははっきりしている。個人消費の促進による景気対策だ。よく知られているように、日本の個人資産一五〇〇兆円の大半は高齢者が持っている。しかし高齢者は、消費意欲が必ずしも旺盛《おうせい》ではない。高齢者から現役世代への資産移転を進めれば、消費も増える。このような狙いをもって、この制度はつくられた。

もともと、扶養義務者からの教育資金の贈与は「通常必要と認められるもの」については、課税対象となっていない。だが、国税庁は「通常必要と認められるもの」とは「社会通念上適当と認められる範囲の財産」だと言っており、いくらまで許され、いくらから課税されるのか、個人では判断しにくかった。さらに、親族間の生前贈与は、実態を把握しにくい。それならば表立って認めつつ、景気対策に活用しようという考えもあったかもしれない。実態として課税できていないのであれば、実質的な税の減収もないという損得勘定もあっただろう。いずれにしろ、一兆円が動いたことで「狙いは当たった」と言える。

この贈与税の非課税特例措置は、教育資金のみならず、住宅資金、結婚・子育て資金へと広がっている。今や、すべて合わせれば一人の子や孫に対して、最大三二〇〇万円まで非課税で贈与できる。結構なことなのだが、この制度は直系の尊属・卑属間でしか使えない。つまり、父母・祖父母から子・孫へはよいが、縁あってつながった子どもを支えようと援助する場合には使えない。だから、松田さんから援助してもらったみどりには課税される。

悪気があったとまでは思わないが、お金のある層へのサービスが先行し、貧困の子どもたちを含むそうでない人たちが、取り残されてしまった。そこにはおそらく「そんな人いるわけない」というみどりの両親と同じ思い込みがあったのではないか。

直系でなければ、親戚もダメ

直系でなければ、親戚《しんせき》でもダメだ。おじ・おばから甥《おい》っ子・姪《めい》っ子への贈与でも使えない。課税される。

さやか（仮名）は、両親が離婚している。離婚後、母は二つの仕事を掛け持ちして昼夜なく働いているが、両方で収入は二〇万円程度、それでさやかと弟を養ってきた。父は働いておらず、養育費は望めない。そんなさやかが、今年有名私立大学に進学した。大学受験料、入学金、学費、学校納付金、学生マンションの入居費用などの計二〇〇万円を支払ったのは、母方の伯母《おば》だ。子のない伯母夫婦は、二人の子どもを抱えて苦戦している妹や、その子どもたちをなんとかしてやりたいと援助を行った。しかし、伯母からの資金援助も、直系でなければ、非課税にはならない。

伯母の山野桃子さん（仮名）は、看護師をしている。妹夫婦の状況にはあきれながらも、同時に「仕方ない」と援助をしてきた。自分たち夫婦は夫の収入で暮らし、看護師としての自分の収入は全部援助に回したようなものだった、と笑う。今、山野さんが気にかけているのは、さやかの高校生の弟のこと。「柔道整復師」という国家資格の取得を目指しているが、それには専門学校か大学への進学が必要となる。甘えさせてもいけないので、まだ妹には言っていないが「いざとなれば」との思いもある。しかし、親ならいいのに親戚ではダメと言われると、気持ちが重くなる。

このままでいいのだろうか

二人に納税義務があることに疑問の余地はない。でもこれ、今後もこのままでいいのだろうか。親や祖父母からなら無税、親戚または他人からなら課税。その差、最大四五〇万円。これでは、親からの援助を期待できない貧困家庭の子どもは報われない。親や祖父母から子や孫に贈与するより、他人の子に贈与する方が、はるかにハードルが高い。松田さんのような篤志家が、迷いながら思い切って援助を決意する。その気持ちを萎《な》えさせる税制であってはならない。

そもそも、相手が他人の子であっても、高齢世代から現役世代への資産移転や、それによる消費促進効果という景気対策の目的は果たせる。生活に余裕のない貧困家庭の子どもの方が、余すところなく使い切る（経済学用語で「限界消費性向が高い」と言う）から、より高い消費促進効果を期待できるとさえ言える。しかも、口座からの引き落としは教育費の領収書と引き換えなので、親が自分の遊興費に使ってしまうといった流用のおそれもない。公益法人やＮＰＯ法人などへの寄付なら控除もあるが、親戚や、縁あって知り合った特定の個人への贈与を考える人もいるはずだ。というか、そもそも「親の経済力が、子どもの学力に影響する」と教育格差がこれだけ問題になっているときに、それをさらに広げるだけでいいのだろうか。

実は、これでいいのかという声は、政府の中からも出ていた。

資産格差が次世代における子女教育などの機会格差につながることを避ける必要があること、また、老後扶養の社会化が相当程度進展している実態の中で遺産の社会還元といった観点が重要となっていること等を踏まえた見直しを行う。（「経済財政運営と改革の基本方針二〇一五（骨太の方針）」平成二七年六月三〇日）

税を通じた再分配だけではなく、遺産による寄付等を促進するなど、遺産を子・孫といった家族内のみで承継せずに、その一部を社会に還元することにより、次世代における機会の平等や世代内の公平の確保等に資する方策を検討することが重要である。（政府税制調査会「経済社会の構造変化を踏まえた税制のあり方に関する論点整理」二〇一五年一一月一三日）

せめてイコールフッティングを

子どもの貧困は深刻な状態だ。かといって、財政難も深刻だ。税を簡単に上げられないのは、みんなよく知っている。他方、日本ファンドレイジング協会発行の『寄付白書』によれば、日本の寄付総額は増えている。多死社会の到来で亡くなる人は増え、核家族が長く定着して相続人は減っている。「おひとりさま」が増え、資産があっても遺《のこ》すべき家族のいない人もいる。また、遺すべき家族がいても「過剰に遺すべきではない」と考える人たちもいる。

松田嘉子さんには二人の息子と五人の孫がいる。しかし「息子たちには家族でやっていけるだけの収入はある」と、みどりへの贈与を決めた。先に紹介した河野《こうの》経夫《つねお》氏は子の不労所得を必要以上に増やしても「ロクなことはない」と言っていた。これは、貧困家庭の子に特別の優遇を求めるものではない。資産のある祖父母や親の子が一五〇〇万円まで非課税で贈与してもらえるのと同じ待遇（イコールフッティング）を求めるものにすぎない。

そもそも教育資金贈与信託のような特別措置自体がおかしいという意見もある。しかし、教育資金、住宅資金、結婚・子育て資金と広がり、多くの利用がなされているこの非課税特例措置が、すぐに撤廃される見通しはない。もっと根本的な税制改正を求める意見もあるだろう。しかし「根本的」であればあるほど、合意形成には時間もかかる。だとしたら、先のことはともかくとして、今すぐにでも、せめて、みどりやさやかのような子どもたちだけに課税される、という税制を改められないものか。ただでさえ不利な立場に置かれているのに、税制上も不利になるのは酷ではないか。それを正すのは政治の役割だろう。

財務省・与党税調の判断は……

一六年八月末、各省庁から財務省に対する一七年度予算の概算要求が行われた。各省庁からの税制改正の要望も、一緒に行われた。その中で内閣府・文科省・厚労省・金融庁から「教育資金の一括贈与を受けた場合の非課税措置の拡充」という要求がなされた。

全国知事会（次世代育成支援対策プロジェクトチーム、リーダー・尾崎高知県知事）も同様の提言を出した（「少子化対策と子どもの貧困対策の抜本強化に向けた緊急提言〈税制改正〉」一六年九月八日）。全国市長会も「貧困状態にある子どもの教育機会を保障するため、扶養義務者間以外への教育資金贈与信託・公益信託制度を創設するとともに、贈与税非課税特例の適用を講じること」と提言している（「第八六回全国市長会議決定　提言」一六年六月八日）。まさに、みどりやさやかが課税されないような税制改正を求めたものだ。

しかしこの税制改正要望は、一六年末、正式に見送られることが決まった。お金のある家庭が無税で子や孫に大金を贈れるのに対して、見るに見かねて貧困の子に贈られたお金に税金がかかる状態は、今も続いている。

あとがき

私が「貧困」という言葉を使い始めたのは、二〇〇六年だった。

最初に使うときは、とても勇気がいった。一番気になったのは、当時毎日接していた当事者の人たちが嫌がるだろうということだった。「貧困」と言われたい人など、誰もいない。

それでも踏み切ったのは、そうとしか言いようのない現実が広がっていると感じていたのと、あまりにも「いないこと」にされていたからだった。

「いないこと」にされるほど、つらいことはない。その思いで、踏み切った。

「ない」とされていたものを突然「ある」と言い出したのだから、当然と言えば当然だが、それからしばらくは「あるのか、ないのか」論争に巻き込まれた。

「貧困などない。単に怠惰な個人がいるだけ」と断言する人が、次から次へと私の前に現れ、「社会のせいにするな」と私を説教した。私からすれば、それは典型的な否認の心理で、都合の悪いことを認めたくないだけのように見えた。当然、本人たちにもたくさんの問題があるが、この社会も完璧《かんぺき》なわけじゃない。社会を強くするためには完璧でないことを認め、そこを修正していく必要がある。単に否認したところで、社会は強くならない。「あとはあんた次第だからね」と自信をもって言い切れるくらいの社会にしようと呼びかけたが、なかなかその論争は終わらず、数年を費やした。

論争が続くことで一番困るのは「その先」の話ができないことだった。「じゃあどうするか」という議論は、「ある」という前提が共有されないと始まらない。「ない」ものへの対応策などありえないからだ。私は早く「じゃあどうするのか」の議論がしたかった。しかし、目の前の人は「ない」と言い張るのだった。不毛だと思ったし、徒労感も強かったが、この段階を経ないかぎり次には進めないのだと覚悟し、「あるのか、ないのか」論争につき合い続けた。

あれから一〇年。社会は変わった。
もう貧困があるのかないのかということが、テレビの討論番組のテーマになることはなくなった。「ない」と言い張っていた人たちが言わなくなり、「どうするか」がテーマになった。もちろん「誰の責任か」という責任論は当然あるが、本人の責任を重く見る人も、だからといって貧困という社会問題があることを否定することはなくなった。「また今日もあるのかないのかという議論をするのか……」とうんざりしながら、自分を叱咤《しった》してテレビ局に向かっていた日々を思い出すと、隔世の感がある。

だが、その過程で学んだことは大きかった、と今は思う。

自分一人で決められる権限を持っていない以上は、粘り強く、かつ効果的に働きかけていかなければ物事は動かない、ということを学んだ。

全員一致の合意形成など望むべくもないが、進めたい側が、そうでない人たちを反対側に追いやるようなやり方をしてしまえば、物事は進まなくなる。何をどう言っても無理な人はいるかもしれない。しかし、ほとんどの人はそうではない。

そのためには、その人たちから何がどのように見えているのか、私が理解しなければならない。すんなり賛同できないのには何か理由がある。どこが、どうして引っかかるのか。誤解があるとすればどこで、それはどうやったら解けるのか。わからなければ聞いてみる。その人たちから見える景色を、私も見るようにする。私から見える景色を「あんたも見ろ」と言うのではなく、その人の景色を一緒に眺めながら「また別の景色もあるんですよ」と言ってみる。

そのことを本当の意味で自覚したのは、内閣府参与の経験が大きいが、それについては別に書いたので（拙著『ヒーローを待っていても世界は変わらない』参照）、ここでは省く。

二〇一二年に辞任した後の三年間、私は価値観を同じくしない人たちからどんな景色が見えるのか、それを理解することに一番のエネルギーを注いだ。「着たことのない服に袖《そで》を通すように（多様な見方を身につけなさい）」とある人に言われたように、行ったことのない場所に行き、話したことのない人と話し、着たことのない服を着た。大学で教えるようになったのも同じだ。私には大学に「教えに行く」という感覚はなかった。「ふつう」の「今どき」の大学生からどんな景色が見えているのか、それを学ぶために行った。だから学生たちからは、私は「質問ばかりする人」と認識されている（笑）。どんな意見も勉強の材料とし、どんな人も先生だった。

三年が経ち、自分がどれくらい多様な景色を見られるようになったのか、その人たちにも耳を傾けてもらえるようになったのか、そろそろ試す時期だと思っていたころ「ヤフーニュース個人」への執筆を持ちかけられた。

それまでネットでの発信に積極的とは言えなかった私だったが、それは媒体としてふさわしく思えた。新聞よりも読者層が広く、いろんな景色を見ている人たちがアクセスする。私の文章が通用するかどうか。理解と共感を得られるかどうか。

それゆえ、連載を始めるにあたって、私は三つのことを目標に据えた。貧困問題をよく知る者として恥ずかしくない文章を書くこと、子どもの貧困対策を一ミリでも進めようとしている人たちや現場の活動を応援すること、そしてとにかく数多く読まれること、だ。

トピックス（ヤフーのトップページに載る八本のニュース）に取り上げられなかったり、思ったよりアクセスが悪かったりしたときに、「言うべきことを言っていればそれでいい」と考えることを自分に禁じた。言うべきことを言っているだけではダメで、伝わらなければ意味がない、どこがいけなかったのか考えろ、と思うようにした。

「ヤフーニュース個人」は、思った以上によいフィールドだった。

とにかく、企画からアポ取り、取材、写真撮影、執筆、タイトルや見出し、編集、校正からリリースのタイミングまで、すべて自分で差配しなければならない。どんな切り口で誰を取材し、どんなタイトルをつけ、どんな長さの文章にするか、そこにどんな写真を配置するか、すべて一人で決めなければならなかった。新聞社のデスクも出版社の編集者もいない中、どこか一つでも外せば、広くは読んでもらえない。
しかしすべてがそろえば、巨大プラットフォーム・メディアであるヤフーの力を借りて、たくさんの人の目に触れることができる。

幸い、連載はこれまで三六本で約二〇〇〇万ページビュー（PV）と、少なくない読者に読んでいただけた。当該コーナーの表彰制度である「オーサーアワード二〇一六」もいただいた。

しかし依然として「自信作」のつもりでリリースした原稿があっけなくスルーされることもある。まだまだ勉強が足りない。私自身の活動と並んで、発信することを通しても現場の取り組みを進めていきたい。そのためにも、さらに多くの「景色」を見られるようになりたい。今後も精進が必要だ。

最後に。
いつものことだが、本書も多くの人たちの力をお借りして、出版に至っている。
まず誰よりも、インタビューに応じてくれた方たち。私も数々の現場を回しながら、取材を受けてきた。取り上げてもらえるのはうれしい反面、無理解または勉強不足の取材に落胆したことも一度や二度ではない。「情報だけを都合よく奪いに行くような取材は絶対にしない」と心に決めていたが、それでも不十分な取材はあったと思う。お詫《わ》びとともに、ご協力いただいたことに深く感謝したい。「今まで数多く取材されてきたが、あなたの原稿がベスト・オブ・ベストだった」といわれた言葉を励みにがんばった。

次に、ヤフーの宮坂学《みやさかまなぶ》社長。長野県白馬村《はくばむら》のカフェで「じゃあウチで発信しませんか」と軽めに言われた話が、こうして一冊の本になったことは感慨深い。「ヤフーニュース個人」編集部、特に清水康次郎《しみずこうじろう》さんからも、さまざまな形でご協力をいただいた。

また、本書の構成に関しては、法政大学現代福祉学部の学生たちからも意見をもらった。加藤里菜《かとうりな》、宍戸杏香奈《ししどあかな》、熊川楓夏《くまがわふうか》の三人には、連載を読んでもらって、何を入れて何を外すべきか、意見してもらった。書いた本人はすべての原稿に愛着があり、なかなか取捨選択できない。関心も考え方も異なる三人からの意見は、最終決定に臨んでとても参考になった。

そしてKADOKAWAの岸山征寛《きしやまゆきひろ》さん。岸山さんとは二度目の仕事になる。前回の『正社員が没落する』（堤未果《つつみみか》さんとの共著）から一〇年近く経つが、改めて思い起こしてみて、当時はかなり冒険的なタイトルだったものが今はもうあたりまえになっていることに驚く。本書の「なんとかする」の部分も、一〇年後には別の意味で現実化していればと願う。

この他、すべての方のお名前を列記できないが、お世話になった方々に深く感謝する。もちろん、本書の文責がすべて著者自身にあることは、言うまでもない。

子どもの貧困問題がもつ潜在的な訴求力は大きい。これは本来、すべての人に関心をもってもらうことのできるはずのテーマだ。それをどこまで生かせるか、伸ばせるか、自分の力量が試されていると感じるし、今後も試されていくだろう。

本書が、一人でも多くの関心を喚起し、子どもの貧困対策を一ミリでも進めようという意欲をわずかでも高めることができれば、これ以上の幸せはない。

それぞれの現場で格闘するすべての人たちに、本書を捧《ささ》げる。

二〇一七年七月末日　島根県の隠岐《おき》にて

湯浅　誠

初出一覧（順に本書の番号、原タイトル、初出日）

1 「みんなで鍋をつくって、本当にあるんだね」～1ミリでも進める子どもの貧困対策～（二〇一六年七月一日）
2 子どもの貧困 当事者の声 あきらめないために必要なもの（二〇一六年八月一一日）
3 NHK貧困報道〝炎上〟 改めて考える貧困と格差（二〇一六年八月三一日）
4 子どもの貧困「昔のほうが大変だった」への対処法（二〇一六年一二月六日）
5 子どもの貧困「居場所」とは何か？ 居場所が提供するもの、そして問うもの（二〇一七年三月二八日）
6 たらいの穴をふさぐには 同情を超えて、地域づくりとしての貧困対策を考える（二〇一七年七月一四日）
7 名づけ親が言う「こども食堂」は「こどもの食堂」ではない（二〇一六年七月二四日）
8 「こども食堂」の混乱、誤解、戸惑いを整理し、今後の展望を開く（二〇一六年一〇月一六日）
9 あの港区にこども食堂!? 「セレブの住む街」のもう一つの顔（二〇一七年三月一五日）

10　入試の季節　貧困の子どもたちの進学を支える教員ＯＢたちの先駆的取組　埼玉県アスポート学習支援事業（二〇一七年二月二八日）
11　「ふつうの主婦」が見つけた「わくわくエンジン」のかけ方（二〇一七年四月二六日）
12　「子どもの貧困対策をするつもりはない」と対策先進市・明石市長が言う理由（二〇一六年七月二〇日）
13　「教育県から学習県へ」　長野県・阿部守一知事のビジョンと子どもの貧困対策（二〇一六年七月二九日）
14　「給食のない夏休み、体重の減る子がいる」　学校関係者にできること（二〇一六年九月二三日）
15　4億円を寄付した男の〝危機感〟（二〇一六年八月三日）
16　「いろいろいたほうが面白い」と言うＤＭＭ亀山会長が始める「高卒者向けアカデミー」（二〇一七年一月一六日）
17　風俗からこども食堂へ　貧困の連鎖を断ち切ろうと苦闘する夫婦　宮崎・プレミアム親子食堂（二〇一七年二月一日）
18　ＡＩ研究者が問う　ロボットは文章を読めない　では子どもたちは「読めて」いるのか？（二〇一六年一一月一四日）
19　「異才発掘プロジェクト」が目指す「ふつう」の世の中（二〇一六年一一月二七日）

20 貧困の子が〝税制上も不利〟の不思議（二〇一六年九月一六日）

連載は、現在も以下で執筆中。

https://news.yahoo.co.jp/byline/yuasamakoto

図版作成　REPLAY

本書はYahoo!ニュース個人に掲載した記事を精選の上、再編集し、加筆修正を行ったものです。

本文中に登場する方々の肩書き等は、いずれも取材時のものです。

湯浅　誠（ゆあさ・まこと）
社会活動家・東京大学先端科学技術研究センター特任教授・認定NPO法人全国こども食堂支援センター・むすびえ理事長。1969年東京都生まれ。東京大学法学部卒。東京大学大学院法学政治学研究科博士課程単位取得退学。日本の貧困問題に携わる。2008年末の年越し派遣村村長を経て、09年～12年内閣府参与（通算2年3ヶ月）。政策決定の現場に携わったことで、官民協働とともに、日本社会を前に進めるためには民主主義の成熟が重要と痛感する。14～19年まで法政大学教授。著書に『ヒーローを待っていても世界は変わらない』（朝日文庫）、『反貧困』（岩波新書、第8回大佛次郎論壇賞並びに第14回平和・協同ジャーナリスト基金賞受賞）、『正社員が没落する』（角川新書、堤未果氏との共著）など多数。

「なんとかする」子《こ》どもの貧困《ひんこん》

湯浅《ゆあさ》　誠《まこと》

2017年 9月 10日　初版発行
2025年 5月 30日　16版発行

◆◇◇

発行者　山下直久
発　行　株式会社KADOKAWA
〒102-8177　東京都千代田区富士見 2-13-3
電話　0570-002-301（ナビダイヤル）

装 丁 者　緒方修一（ラーフイン・ワークショップ）
ロゴデザイン　good design company
オビデザイン　Zapp!　白金正之
印 刷 所　株式会社KADOKAWA
製 本 所　株式会社KADOKAWA

角川新書

ISBN978-4-04-082173-3 C0230

KADOKAWAの新書 ❦ 好評既刊

夜ふけのおつまみ

スヌ子

残業でクタクタ、余力なし。家飲みのおつまみは出来合いの惣菜と缶詰…これではさみしい! お酒とごはんの相性を追求する料理研究家が、手軽なのに華のあるおつまみを紹介。「どれも簡単。作る私も早く飲みたいから!」。今夜から使えるレシピ集。

暗黒の巨人軍論

野村克也

ジャイアンツのスキャンダルが止まらない。野球のレベル低下も止まらない。球界の盟主に何が起こっているのか? 「巨人軍は常に紳士たれ」ではなかったのか? エリート集団堕落の原因はどこにあるのか? 帝国の闇を野村克也が斬る!

「革命」再考

資本主義後の世界を想う

的場昭弘

「資本主義の危機は、勝利の美酒に酔ったときに始まった」。皮肉なことにソ連崩壊後の方が「革命」を望む声・警戒する声が起きている。揺れる世界はグローバル〝後〟に向かっているのだ。革命は起こりえる。今こそ、その現象を分析する必要がある。

日本エリートはズレている

道上尚史

先進国と途上国の格差は縮小し、各国がしのぎを削る「接戦の時代」。しかし日本のエリートは今も「日本が一番」の幻想の中にいる。諸外国の成功に「ずるい」か「ラッキーなだけ」と上から目線。これでいいの? 現役外交官が実態に切り込む。

東京の敵

猪瀬直樹

噴出する都政の問題。五輪は無事開催できるのか。小池百合子・新都知事は何と戦うべきなのか。副知事、そして知事として長年都政に携わった作家が、東京という都市の特質を改めて描きながら、問題の核心を浮き彫りにする。

KADOKAWAの新書 好評既刊

ポケモンの神話学
新版 ポケットの中の野生

中沢新一

21世紀、子どもたちの「野生の思考」は電子ゲームの世界にこそ息づいている——。大ヒット作「ポケットモンスター」の分析により現代人の無意識と野生に迫ったゲーム批評の金字塔。

山口組顧問弁護士

山之内幸夫

ドキュメンタリー映画でも話題になった、山口組の顧問弁護士を長きにわたって務めてきた山之内幸夫。なぜ彼は山口組の弁護を請けることにしたのか。山口組を近くで見続けてきた男が語る、暴力と弁護。手記、独占出版。

スマホが神になる
宗教を圧倒する「情報革命」の力

島田裕巳

LINE、ポケモンGOの登場が信仰する時間までも奪い、スマホ、SNSの普及に宗教関係者は危機感を募らせている。ネットは今後、既存の宗教にどんな影響を与え、人々の信仰をどう変えていくのかを分析していく。

生きる理由を探してる人へ

大谷ノブ彦
平野啓一郎

「自殺＝悪」の決めつけが遺族を苦しめることもある。それでも自殺は「しないほうがいい」。追いつめられていても、現状から脱出して「違うかたちで生きる」という道を提示できないか。芸人と作家による異色対談。

知られざる皇室外交

西川　恵

1953年、19歳の明仁皇太子は大戦の遺恨が残る欧州を訪れた。それから続く各国王室との交流、市民や在外日本人との対話、戦没者の慰霊……。両陛下の振る舞いやおことばから根底にある思いにせまり、皇室外交が果たしてきた役割を明らかにする。